高校思想政治教育理论与实践探索

颜 佳 王 萌 孙晓谦 著

延边大学出版社·延吉

图书在版编目（CIP）数据

高校思想政治教育理论与实践探索 / 颜佳，王萌，
孙晓谦著. -- 延吉 ： 延边大学出版社，2024.4
ISBN 978-7-230-06437-8

Ⅰ．①高… Ⅱ．①颜… ②王… ③孙… Ⅲ．①高等学
校－思想政治教育－研究－中国 Ⅳ．①G641

中国国家版本馆 CIP 数据核字（2024）第 085425 号

高校思想政治教育理论与实践探索

著　　者：颜　佳　王　萌　孙晓谦
责任编辑：张艳秋
封面设计：文合文化
出版发行：延边大学出版社
社　　址：吉林省延吉市公园路 977 号　　　邮　　编：133002
网　　址：http://www.ydcbs.com
E-mail：ydcbs@ydcbs.com
电　　话：0433-2732435　　　　　　　传　　真：0433-2732434
发行电话：0433-2733056
印　　刷：廊坊市海涛印刷有限公司
开　　本：787 mm×1092 mm　1/16
印　　张：9.5　　　　　　　　　　　　字　　数：200 千字
版　　次：2024 年 4 月　第 1 版
印　　次：2024 年 4 月　第 1 次印刷
ISBN 978-7-230-06437-8

定　　价：68.00 元

前　　言

　　高校思想政治理论课担负着培养具有较高政治觉悟和道德情操的合格人才的重任，是高校对大学生进行系统的思想政治教育的主渠道，无论在高等教育还是成人教育中都具有非常突出的育人作用。我们必须实事求是地对思想政治教育理论进行分析和研究，以便有针对性地加强和改进高校思想政治理论课的教学工作，提升高校思想政治理论课的教学效果。如今，信息技术的发展给高校思想政治理论课带来巨大冲击和挑战的同时，也给高校思想政治理论课教学带来了新的发展机遇。要抓住机遇、应对挑战，才能更好地发挥高校思想政治理论课教学立德树人的主渠道作用。

　　基于此，本书以"高校思想政治教育理论与实践探索"为题，在内容编排上共设置了六章：第一章对高校思想政治教育进行了概述，主要内容有高校思想政治教育的内涵、特征、理念、过程与规律；第二章分析了高校思想政治教育面临的新形势及对策，主要内容有高校思想政治教育的新机遇、面临的挑战和路径的优化；第三章研究了高校思想政治教育育人体系的理念和格局，主要内容有"大思政"格局下的全员育人、"大思政"格局下的全过程育人和"大思政"格局下的全方位育人；第四章讨论了网络时代新媒体应用于高校思想政治教育的实践，主要内容有即时通信工具的应用、手机媒体的应用、校园网及网络论坛的应用；第五章讨论了全媒体环境下高校思想政治教育的创新实践，主要内容有全媒体环境下高校思想政治教育的观念与内容创新实践、方式方法创新实践及模式创新实践；第六章讨论了高校思想政治教育与中国传统文化的融合发展实践，主要内容有中国传统文化融入高校思想政治教育的可行性和必要性，中国传统文化在高校思想政治教育中的价值，中国传统文化融入高校思想政治教育的路径。

　　本书由李万军、吴晓负责资料整理及审校工作。在撰写本书的过程中，笔者得到了许多专家学者的帮助和指导，参考了大量的学术文献，在此表示诚挚的谢意。由于笔者水平有限，加之时间仓促，本书难免存在一些疏漏，在此恳请读者批评指正。

目　　录

第一章 高校思想政治教育概述

第一节 高校思想政治教育的内涵

一、高校思想政治教育的基本内涵

高校思想政治教育的基本内涵反映了高校思想政治教育这一教育实践活动的本质属性。虽然这一本质属性具有相对稳定性，但也会随着高校思想政治教育的社会环境、任务、目标的变化而不断发展。相对稳定体现为高校思想政治教育内涵的继承性，发展则体现为高校思想政治教育内涵的创新性。

在《现代汉语词典》（第7版）中，内涵是指"一个概念所反映的事物的本质属性的总和，也就是概念的内容"。根据内涵的这一定义，高校思想政治教育的内涵就可以理解为"高校思想政治教育"这一概念所反映的事物的本质属性的总和，即"高校思想政治教育"这一概念的内容。在实践中，高校思想政治教育主要是高校思想政治工作者利用一定的思想观念、政治观点、道德规范，对大学生施加有目的、有计划、有组织的影响，使他们形成符合中国特色社会主义所需要的思想品德的教育实践活动。因此，高校思想政治教育的基本内涵是指最能反映这一教育实践活动本质属性的主要内容。

在哲学中，事物的本质属性是指事物固有的、决定事物的性质和发展的根本属性。因此，高校思想政治教育的本质属性应当是高校思想政治教育固有的、决定其性质和发展的质的规定性。这种本质属性包括两个方面：第一，本质属性应贯穿高校思想政治教育活动的始终，是高校思想政治教育活动中最普遍、最一般的固有属性，而且规定和影响着其他派生属性（非本质属性）；第二，本质属性应该是高校思想政治教育变化发展的根据。根据这两个方面，笔者认为高校思想政治教育的本质属性应为政治性与科学性的有机统一。政治性是高校思想政治教育的阶级属性。如果没有表示阶级意志的政治性，不能维护统治阶级的有效统治，那么高校思想政治教育就不可能存在，更不可能发展，因此政治性是贯穿高校思想政治教育始终的属性。科学性是高校思想政治教育的客观实践属性。如果不反映客观事物的本质和历史发展趋势，不能促进社会生产力的发展，不代表最广大人民群众的根本利益，高校思想政治教育就不能得到发展，自然也无法长久存在，因此科学性是高校思想政治教育本身得以发展的内在规定性。

综上所述，要完整、准确地认识高校思想政治教育的本质，就必须坚持高校思想政治教育政治性与科学性在理论与实践上的有机统一。在这一问题上，目前存在着两种不良倾向：一种倾向是强调高校思想政治教育的政治性，而偏离高校思想政治教育的科学性，从而使高校思想政治教育变得空洞，表现为泛政治化，就形势而追踪形势，就热点而炒作热点，缺乏系统的科学理论支撑；另一种倾向是强调高校思想政治教育的科学性，否定高校思想政治教育的政治性，从而使高校思想政治教育变得盲目。高校思想政治教育丧失政治性意味着主动放弃意识形态领域的主导权，后果将是不击自垮。因此，深化对高校思想政治教育本质属性的认识，是当前提高高校思想政治教育有效性、加强高校思想政治教育学科建设的当务之急。

（一）高校思想政治教育内涵的继承性

伽达默尔认为，所有的概念都不是固定不变的，其意义必定随着时间的推移在阐释者的实践理解中发生变化。因此，语言概念的意义只能在不间断的交流或对话中得到澄清，阐释者只能通过不断与其他阐释者对话来验证自己对世界的阐释是否正确、是否理性，而传统（语言传统、意义传统和有关主体之间在相互理解时所依赖的共同语言环境的一切因素的传统）正是使这种对话得以顺利进行的基础。传统是历史的沉淀。流传至今的"传统"是历史的超越，有其必须存在的理由。因此，善待传统是人类明智的表现。向传统学习，把传统转化成心智的一部分，是每个人都需要做的事。

为了避免低水平的重复制造，人们必须遵从传统，在传统的基础上提出和研究问题，使传统得以发展。在思想发展史上，所有新思想的出现，都不是孤立的现象，都能在传统中找到它的碎片和痕迹。在历史演进过程中，传统并非一成不变，它会衍化。就大的方面而言，传统可以分为几类：一些传统历经时代变迁，活力依旧，本色不改；一些传统被赋予新质，在蜕变中仍显其本质特性；一些传统与社会发展方向相悖，但终因各种复杂的因素而悄然存活。区别这些不同的传统是非常有必要的，至少可以给如何继承提供路径。显然，对前两类传统应视其情况继续保持和发扬，对后一类传统则应加以改造或剔除。

今天的高校思想政治教育是历史的继续，其基本内涵首先是对传统的继承。重视思想政治教育是中国共产党的优良传统。继承中国共产党的优良传统，把传统证明过的科学内容纳入高校思想政治教育的现状中来，是高校思想政治教育自身发展的需要。

在中国共产党思想政治教育史上，中国共产党为把大学生培养成对祖国和人民有用的人才，曾先后提出了许多科学的标准和要求。从毛泽东同志提出的"身体好、学习好、工作好"，到邓小平同志提出的"有理想、有道德、有文化、有纪律"，再到江泽民同志提出的"坚持学习科学文化与加强思想修养的统一""坚持学习书本知识与投身社会实践的统一""坚持实现自身价值与服务祖国人民的统一""坚持树立远大理想与进行艰苦奋斗的统一"，都着眼于中国革命、建设和改革的具体实践与客观要求，为大学生成长为国家栋梁之材指明了方向，设定了标杆。从总体上看，这些针对广大青年特别是大学生专门提出的标准和要求，是一脉相承的科学体系，从强调德、智、体协调发展，到强调理想、道德、文化、纪律兼备，再到强调求学和做人、知识和实践、个人和社会、理想和现实的统一，既体现了人才培养的目标，同时也包含了丰富的思想政治教育内容，揭示了高校思想政治教育的丰富内涵。这些内涵在高校思想政治教育中具有恒久的意义。

党的十八大以来，习近平总书记从坚持和发展中国特色社会主义、实现中华民族伟大复兴的战略高度，从巩固党的执政地位、实现党的执政使命的政治高度，通过参加会议并发表重要讲话、给高校师生写信或回信、到高校考察、与师生座谈等方式，针对大学生思想政治教育工作提出了一系列新思想、新观点、新论断、新要求，深刻回答了"培养什么样的人、如何培养人以及为谁培养人"这个根本问题，形成了思想深邃、内涵丰富、科学完整的重要论述，是指导高校做好新时期大学生思想政治教育工作的依据。

习近平总书记关于大学生思想政治教育的重要论述为高校思想政治教育工作指明了工作目标和具体路径。下面主要从五个方面加以介绍：

第一，把立德树人作为中心环节。在 2016 年的全国高校思想政治工作会议上，习近平总书记提出"要坚持把立德树人作为中心环节"，指出"高校立身之本在于立德树人"。习近平总书记在 2018 年的全国教育大会和北京大学师生座谈会上，多次提到我们党的教育方针就是要"培养德智体美劳全面发展的社会主义建设者和接班人"。

第二，教师育人和家庭育人是大学生思想政治教育的两翼驱动。在 2018 年的全国教育大会上，习近平总书记指出："教师是人类灵魂的工程师，是人类文明的传承者，承载着传播知识、传播思想、传播真理，塑造灵魂、塑造生命、塑造新人的时代重任。"习近平总书记在北京师范大学考察时号召全国教师做"有理想信念、有道德情操、有扎实学识、有仁爱之心"的"四有"好老师。在 2016 年的全国高校思想政治工作会议上，习近平总书记强调，"要加强师德师风建设，坚持教书和育人相统一，坚持言传和身教相统一，坚持潜心问道和关注社会相统一，坚持学术自由和学术规范相统一，引导广大教师以德立身、以德立学、以德施教"。2020 年教师节来临之际，习近平总书记寄语广大教师"不忘立德树人初心，牢记为党育人、为国育才使命，积极探索新时代教育教学方法，不断提升教书育人本领，为培养德智体美劳全面发展的社会主义建设者和接班人作出新的贡献"。同时，习近平总书记多次强调"家庭是人生的第一个课堂，父母是孩子的第一任老师"，认为家庭的生活依托不可替代，家庭的社会功能不可替代，家庭的文明作用不可替代，要"重视家庭建设，注重家庭、注重家教、注重家风"。

第三，理想信念教育、价值养成教育、文化传承教育是大学生思想政治教育的三大任务。理想信念是大学生思想行动的"总开关"，习近平总书记多次对理想信念的高度、硬度、纯度、深度等进行了深入论述；价值养成是大学生人生起航的"定盘星"，习近平总书记要求大学生做社会主义核心价值观的坚定信仰者、积极传播者、忠实践行者，以社会主义核心价值观引领文化建设；文化传承是大学生成长成才的"营养剂"，习近平总书记在庆祝中国共产党成立95周年大会上指出："文化自信，是更基础、更广泛、更深厚的自信。"

第四，课程育人、实践育人、网络育人、组织育人是大学生思想政治教育的四种途径。高校要用好课堂教学这个主渠道，加强思想政治课程建设；大学生要读万卷书、行万里路，既多读有字之书，也多读无字之书；依法加强网络空间治理，加强网络内容建设，为广大网民特别是大学生营造一个风清气正的网络空间；把组织建设与教育引领结合起来，强化高校各类组织的育人职责。

第五，坚持党的领导、坚持协同育人、坚持问题导向、坚持遵循规律、坚持与时俱进是做好大学生思想政治教育的五项原则。在2018年的全国教育大会上，习近平总书记强调，"加强党对教育工作的全面领导，是办好教育的根本保证"。做好高校思想政治工作，必须注重发挥学校党委的领导核心作用、院系党组织的政治核心作用、基层党支部的战斗堡垒作用、师生党员的先锋模范作用。无论是谈高校思想政治工作面临的风险挑战，还是讲"五育并举"的重要价值，习近平总书记从来不回避矛盾和问题。习近平总书记在多个场合强调，做好高校思想政治工作"要遵循思想政治工作规律，遵循教书育人规律，遵循学生成长规律"。"思想政治理论课要坚持在改进中加强，提升思想政治教育亲和力和针对性"，随着时代的发展而不断发展。

（二）高校思想政治教育内涵的创新性

传统固然重要，但是它不能包揽和代替现实。因为事物在发展，现实在变化，新的事物总是层出不穷，一味地抱残守缺，无异于刻舟求剑，不能适应时代的发展和社会的需求。因此，在合理继承传统的基础上，改进和创新实属必然。

创新是对传统的扬弃，重在创意、创建和创立。创新需要科学与人文的价值导向：求真、向善。求真，即贴近现实，追求真理；向善，即符合完美的人性，追求人类的终极关怀，体现符合多数人意向的道德情感，是一种价值承诺，是教育信念确立的基础和前提。在创新这一概念中，"创"始终是手段，"新"才是目的。但新并不仅仅是标新立异，要看其是否具有新质，是否具有新价值，是否体现事物的本质，是否代表社会发展的方向。高校需要的是真正意义上的创新，而不是徒有其表的创新。那种把创新仅仅停留在现象层面，甚至停留在口号上的做法，是学风浮躁的表现，绝非真正意义上的创新。旧和新，是相对而言的，旧在先前也是新的，何况它能沿袭至今，必有其缘由，不能作简单的肯定和否定。在各种思潮并起、社会价值观多元的当今社会，对"旧"和"新"进行梳理，还它以本来面目，是继承和创新的逻辑起点。

针对教育，邓小平同志提出了"教育要面向现代化、面向世界、面向未来"的主张，还提出了"培养有理想、有道德、有文化、有纪律的社会主义新人"的目标，为克服思想政治教育的功能性危机、推动思想政治教育实现创新指明了方向。同时，当代社会迅速发展的情况，同过去时代已有很大不同，现在绝不是过去的再现，未来更不是现在和过去的翻版，教育的重任是培养有理想、有道德、有文化、有纪律的新世纪的合格人才。因此，在现代社会条件下，思想政治教育的生命线作用、先导性作用，应当合理地被理解和作为创新功能进行发展和发挥。这种发展和发挥的基础和需要，就是思想政治教育向未来领域的发展。思想政治教育只有发展创新功能，即面向未来不断实现对自身的超越，并不断促进人们实现超越，才能真正把握未来，拥有未来。否则，面向未来就是一句空话。

进入 21 世纪以来，在继承和发展毛泽东、邓小平、江泽民同志有关重要论述的基础上，胡锦涛同志对全国青年提出了"四个新一代"的要求，鼓励广大青年努力成为"理想远大、信念坚定的新一代，品德高尚、意志顽强的新一代，视野开阔、知识丰富的新一代，开拓进取、艰苦创业的新一代"。这一要求指明了大学生成长成才的目标，为当代青年的健康成长进一步指明了方向和途径，也为高校思想政治教育提出了新的更高的要求。在培育"四个新一代"人才标准的指引下，高校思想政治教育工作必须在实践中实现创新。

习近平总书记在 2016 年的全国高校思想政治工作会议上指出："做好高校思想政治工作，要因事而化、因时而进、因势而新。"沿用好办法，改进老办法，探索新办法，不断提高工作能力和水平，推动高校思想政治工作改革创新。

长期以来，我国高校思想政治教育较多地侧重政治教育，而对思想政治教育作为一个系统工程缺乏足够的认识和把握，同时对思想政治教育内容的划分也不够清晰和准确。结合大学生成长成才的素质要求和社会主义人才培养目标，高校思想政治教育的基本内容总结如下：

第一，以理想信念教育为核心，深入进行正确的世界观、人生观、价值观教育。

第二，以爱国主义教育为重点，深入进行民族精神教育。

第三，以基本道德规范为基础，深入进行公民道德教育。

第四，以大学生全面发展为目标，深入进行素质教育。

（三）高校思想政治教育的领域拓展

近年来，社会的发展对高校思想政治教育提出了新的要求。基于教育要面向现代化、面向世界、面向未来的思维，基于现代社会和学科领域的高度分化与高度综合相结合的发展趋势，高校思想政治教育的作用范围在逐渐扩大，高校思想政治教育也在向新的领域拓展。

1.高校思想政治教育向宏观领域的拓展

向宏观领域的拓展表现在两个层面上：第一，国内层面。高校思想政治教育要面向社会主义现代化建设，把社会主义现代化建设作为高校思想政治教育的主题。高校思想政治教育要向业务活动、经济活动、管理工作广泛渗透，深深植根于现代社会生活之中。在现代社会条件下，政治、经济和科学技术的发展，促使人们不断开辟出新的领域，新发展的领域既广泛深刻地推动和影响着社会的进步，也折射出许多新的思想、政治、道德问题，迫切需要高校思想政治教育与之相适应，创建竞争伦理、科技伦理、环境伦理、网络伦理等，保证和促进新的领域的发展。第二，国际层面。为了适应对外开放的需要，我国要培养大批面向世界的人才。面向世界的人才不仅要有参与世界范围竞争的科学技术水平，还要有面对世界的思想、道德和心理素质。面对世界上各种文化和价值观的冲击，要有正确分析、鉴别、选择人生观和价值观的思想基础；投身于世界范围的经济、科技、人才竞争，要有敢于竞争的勇气和自强不息的精神；生活在对外开放的环境和活动在各种场所，要有健康的心理和文明风度。这些思想政治素质比过去要求更高，也更全面。

2.高校思想政治教育向未来领域的拓展

随着开放的扩大和改革的深化，科学技术的迅猛发展、物质文化生活水平的提高和竞争机制的广泛引入，既增加了社会的复杂程度，又加快了社会的变化频率。因此，现代社会对大学生来说，在其发展过程中总是既存在机遇，又存在风险。大学生希望自己能抓住机遇，避免风险。他们更加关注发展的前景，更加重视未来领域的发展趋向。高校思想政治教育必须面向未来发展，探索适用未来领域的理论与方法。

高校思想政治教育的重要作用就是导向，即以正确的思想指导大学生进行实践活动。因此，高校思想政治教育应当具有超前性和预防性，要保证和促进大学生面向未来的顺利发展。高校思想政治教育自然不能代替大学生的预测与决策，但可以帮助大学生增强面向未来的意识，使之对未来发展趋势有一个清晰的认识，学会抓住机遇，化解风险，避免偶然因素和不道德行为的干扰和冲击，增强预测与决策的自觉性。同时，高校思想政治教育还要帮助大学生掌握科学的预测和决策方法，克服经验主义、盲目主义倾向，防止由于复杂因素的困扰和不能面对差距而走向歧途。因此，社会的发展和大学生的发展，既向高校思想政治教育提出了面向未来进行预测和决策的要求，也为其开展预测和决策创造了条件。正确的预测既是为了现在，更是为了未来，为了在预见的前景到来和目标实现之前采取正确的教育决策和教育措施，实现教育的科学化。现代高校思想政治教育一定要研究预测和决策的理论和方法，形成高校思想政治教育预测与决策的分支学科，为高校思想政治教育提供理论指导。

3.高校思想政治教育向微观领域的拓展

高校思想政治教育的微观领域就是指高校思想政治教育工作者与大学生的内心世界。宏观的客观世界同人们主观的内心世界，总是不可分割地联系在一起的。宏观世界的开放性、复杂性、易变性会导致人们内心世界的开放、复杂与变动。因此，高校思想政治教育在向宏观领域发展的同时，也必须向微观领域发展。人们的内心世界具有更大的复杂性和潜隐性，它像一个"黑箱"，无法窥探，也难以打开，只能通过深入研究，才能把握其发展变化的规律性。在现代社会条件下，社会因素和社会信息不断增多，而且变化节奏加快，整个社会和人们的利益关系复杂程度增加，引起大学生的心理震荡，增加心理负荷，甚至导致一些人出现心理不平衡、心理障碍与心理疾病。因此，心理方面的问题十分突出地摆到了高校思想政治教师面前，开展心理测试与心理分析，进行心理诊断与心理咨询，普及心理保健知识，提高大学生心理素质，便成为高校思想政治教育的一项重要任务。

研究人们内心世界的问题，还有一个更重要的任务就是开发人力资源。每一个人都有一个复杂的内心世界，每一个人都有巨大的潜能。我们要把人们的潜能充分发挥出来，把人力资源充分开发出来。如果不能掌握人们内心世界的发展变化规律，不能有效地把外在教育内化为人们的思想，开发人力资源就只能是一句空话。因此，我们要探索思想内化理论，掌握心理发展规律，建立具有中国特色的高校思想政治教育心理学。

二、高校思想政治教育的社会内涵

社会性内涵是高校思想政治教育的基本内涵。在党的历史上，为社会现实服务，依据社会发展的需要确定教育内容，是高校思想政治教育的光荣传统。在新的历史时期，高校思想政治教育的社会内涵主要体现在树立中国特色社会主义共同理想、弘扬民族精神与时代精神、树立社会主义核心价值观等几个方面。

（一）树立中国特色社会主义共同理想

一个国家的可持续发展，一个国家的内部和谐，与该国现实的政治经济状况密切相关，与该国国民的共同理想密切相关，这两种相关是同等重要的。强大且明确的共同理想，能在很长的时期内克服政治经济结构的现实裂痕，这在历史上不乏其例。中国经过近现代的曲折徘徊与浴血奋斗，经过近几十年的探索发展，已经走出了一条适合自身国情、能有效发挥本国优势且取得了辉煌成就的道路，这就是中国特色社会主义道路。

目前已经积累的辉煌的历史成就使新的一代人更容易形成坚定的中国特色社会主义共同理想。但新的一代人生活在一个思想多元化的开放社会，所以高扬主旋律更有必要。加强中国特色社会主义共同理想教育，有助于包括大学生在内的社会成员正确认识改革过程中出现的现象与问题，增强人们对社会主义制度的自信。中国特色社会主义共同理想教育是当代高校思想政治教育的"灵魂"和基础，它决定着高校思想政治教育的基本性质。可见，中国特色社会主义共同理想教育是当前高校思想政治教育的关键和核心所在，其功能和作用主要体现在以下几个方面：

1.决定高校思想政治教育的基本性质

大学阶段是大学生确立自我、实现人生目标的关键时期，引导大学生树立高远的志向是高校思想政治教育的核心内容。共同的理想信念是一定社会主体共同价值目标的集中体现，当代中国高校思想政治教育的实质就在于从思想政治理论的高度，使大学生充分认识中国特色社会主义共同理想的科学性，使大学生不仅从情感上，还能从世界观的高度，理性地接受和认同中国特色社会主义的价值目标。只有牢固地树立中国特色社会主义共同理想，以社会主义核心价值体系凝聚广大青年学生，才能产生经久不衰的动力，使他们既看到中国特色社会主义事业面临的挑战和困难，又看到中国特色社会主义事业所具有的旺盛生命力，在社会主义现代化建设中奋发有为，建功立业。

2.振奋大学生精神、鼓舞大学生进取的有效途径

中国特色社会主义充分反映了我国最广大人民的共同愿望、利益和要求，是全国各族人民不懈追求的共同理想。这个共同理想把国家、民族与个人紧紧地联系在一起，有利于调动全体人民为之共同奋斗，能够在最大限度上统一社会意志、集中社会智慧、激发社会活力，为全面推进中国式现代化提供有力的精神保证。大学生是十分宝贵的人才资源，是民族的希望，是祖国的未来。加强和改进高校思想政治教育，提高大学生的思想政治素质，对于确保中国特色社会主义事业兴旺发达、后继有人，具有重大且深远的意义。通过中国特色社会主义共同理想教育，大学生懂得：要实现个人理想，就必须从现实出发，从自己做起，从身边的小事做起，脚踏实地，百折不挠；要实现中国特色社会主义理想和中华民族伟大复兴，就必须多读书、读好书，努力学习科学文化知识，提高科学文化素质，掌握科学知识、科学方法和科学思想，提高自己辨别是非的能力。

3.衡量高校思想政治教育效果的重要标准

高校思想政治教育的目的是使大学生认同和接受社会主义的基本思想和价值目标。在我国现阶段，就是要使大学生坚定"四个自信"，并且看到广大人民群众的利益与自身利益的一致性，使建设中国特色社会主义的理想成为他们的共同理想。因此，评价高校思想政治教育效果的一个重要标准，就是要看党的政治主张、政治信仰和现

阶段我国各族人民的共同理想是否为广大青年学生所认同。能不能培养出一代又一代有觉悟的社会主义新人，既是衡量高校思想政治教育效果的重要标准，更是社会主义和共产主义远大目标能否实现的关键。在教育大学生成为实现中华民族伟大复兴的时代新人的目标体系中，中国特色社会主义共同理想始终在第一位。只有树立中国特色社会主义理想，大学生才能自觉地运用社会主义的道德和纪律来约束自己，才能产生努力学习科学文化的强大内动力。

（二）弘扬民族精神与时代精神

民族精神是一个民族在长期的历史发展过程中逐步形成和培育起来的一种独具民族特色的、自觉的群体意识，是民族文化、民族智慧、民族情感、民族心理、民族共同理想、民族共同价值取向和民族行为规范等民族个性的综合体现。中国自古便是一个多民族的国家，中华民族精神是推动中华民族发展壮大的精神力量。加强中华民族优秀传统文化和艰苦奋斗教育，是新时期高校思想政治教育的重要内容。中华民族在五千年的文明发展史中，为我们留下了丰富的文化遗产，蕴含在其中的伟大的民族精神是中华民族传统文化的积淀和升华。我国如何在更加开放逐渐深化的环境下不断发展壮大中华民族优秀传统文化，增强广大群众特别是青少年对民族文化的认同和自信；如何在激烈的国际竞争中努力确立并发挥我国的民族文化优势，增强民族文化竞争力，维护国家文化安全等，成为高校思想政治教育面临的重大课题。我们必须坚持以人为本，挖掘中华民族的文化资源，把民族精神教育作为高校思想政治教育的重中之重，实现文化的优势互补。

时代精神是时代思想的结晶，是一个时代的科学认识成果和进步潮流的凝聚，是对时代问题的能动反映和应答，是一个时代、一个民族大多数人所希望、所向往、所信奉、所为之激动不已、追求不止的观念和精神，具体体现在这个时代大多数人的精神风貌、民族特质、理想信念、生活态度、价值取向、人生追求、风俗习惯、行为规范及所有活动中，是贯穿其中的原则、灵魂和起统摄作用的精神。时代精神产生于时代之中并表现时代，与时代发展具有高度的一致性和同步性。时代精神反映了时代的特点、时代的内容并适应了时代的要求，为特定时代提供精神支柱、动力和文化条件。当代时代精神主要体现在科学精神、人文精神、民主精神、开放精神和创新精神上，体现在"解放思想、实事求是，与时俱进、勇于创新，知难而进、一往无前，艰苦奋斗、务求实效，淡泊名利、无私奉献"上，其本质和灵魂在于创新。高校思想政治教育要善于从时代精神中汲取营养，在时代发展和社会进步中掘取资源，把时代精神作为塑造一代新人的核心内容，贯穿教育的全过程，渗透到教育的方方面面。如果无视时代的进步、社会的发展，与时代精神和时代发展相背离，高校思想政治教育就很难被人们接受，很难体现时代精神，很难取得实效。

（三）树立和践行社会主义核心价值观

中国共产党在领导中国革命、进行社会主义建设和改革的过程中，对加强高校思想政治教育极其重视，并在实践中积极探索高校思想政治教育的基本规律。这些基本规律中比较重要的一条就是，要高度重视高校思想政治教育的育人功能，要特别强调人才思想道德素质的重要性，强调道德养成对人才培育的重要意义。

当代大学生理应是思想道德素质和科学文化素质协调发展的一代。高校不但要注重大学生的文化素质教育，更要注重大学生的思想道德教育。正如爱因斯坦所说："用专业知识教育人是不够的。通过专业教育，他可以成为一种有用的机器，但是不能成为一个和谐发展的人。要使学生对价值有所理解并且产生热烈的感情，那是最基本的。他必须获得在美和道德上的善恶鲜明的辨别力。"

面对新阶段我国经济社会发展对人才培养的客观要求，党的十八大提出："倡导富强、民主、文明、和谐，倡导自由、平等、公正、法治，倡导爱国、敬业、诚信、友善，积极培育和践行社会主义核心价值观。"富强、民主、文明、和谐是国家层面的价值目标，自由、平等、公正、法治是社会层面的价值取向，爱国、敬业、诚信、友善是公民个人层面的价值准则，这 24 个字是社会主义核心价值观的基本内容。

"富强、民主、文明、和谐"是我国社会主义现代化国家的建设目标，也是从价值目标层面对社会主义核心价值观基本理念的凝练，在社会主义核心价值观中居于最高层次，对其他层次的价值理念具有统领作用。"自由、平等、公正、法治"是对美好社会的生动表述，也是从社会层面对社会主义核心价值观基本理念的凝练，反映了中国特色社会主义的基本属性，是我们党矢志不渝、长期实践的核心价值理念。"爱国、敬业、诚信、友善"是公民基本道德规范，是从个人行为层面对社会主义核心价值观基本理念的凝练，覆盖了社会道德生活的各个领域，是公民必须恪守的基本道德准则，也是评价公民道德行为选择的基本价值标准。

习近平总书记在纪念五四运动 100 周年大会上发表了重要讲话，他指出："新时代中国青年要自觉树立和践行社会主义核心价值观，善于从中华民族传统美德中汲取道德滋养，从英雄人物和时代楷模的身上感受道德风范，从自身内省中提升道德修为，明大德、守公德、严私德，自觉抵制拜金主义、享乐主义、极端个人主义、历史虚无主义等错误思想，追求更有高度、更有境界、更有品位的人生，让清风正气、蓬勃朝气遍布全社会！"

大学生代表着祖国的未来，肩负着中华民族伟大复兴的历史使命，加强大学生社会主义核心价值观教育十分必要。培育和践行社会主义核心价值观要从个人抓起、从学校抓起。坚持育人为本、德育为先，围绕立德树人的根本任务，把社会主义核心价值观落实到教育教学和管理服务各环节，覆盖到所有高校和学生，形成课堂教学、社会实践、校园文化多位一体的育人平台；不断完善中华优秀传统文化教育，努力培养德智体美劳全面发展的社会主义建设者和接班人。

社会主义核心价值观是社会主义核心价值体系的内核，具有强大的感召力、凝聚力和引导力。同时，社会主义核心价值观也是当前高校思想政治教育的一项崭新内容，在本质上是与高校思想政治教育的目标、指导思想、内容相一致的。因此，要加强高校思想政治教育，就要在大学生中牢固树立社会主义核心价值观。

三、高校思想政治教育内涵的延伸

社会内涵与个体发展内涵是高校思想政治教育最基本的内涵。除此之外，在实践中，高校思想政治教育还向许多相关领域延伸。这些延伸的内容，也是高校思想政治教育内涵的重要组成部分。例如，高校思想政治教育与历史教育、地理教育、国际政治教育相结合，延伸出认识基本国情与基本世情的问题；与法律教育相结合，延伸出培养民主意识与法治精神的问题；与时事相结合，延伸出认识形势与政策的问题；与大学生日常生活相结合，延伸出高校日常事务中的思想政治教育问题。

（一）引导大学生认识基本国情与基本世情

当前，人们受各种思想观念影响的渠道明显增多，程度明显加深，思想活动的独立性、选择性、多变性、差异性明显增强。大学生思想敏锐、勇于进取，思想观念趋于多元化，在各种社会思潮的影响下，往往表现出较强的事业心、责任感，但有时也会表现出社会责任感不强等缺点。针对这些复杂的现象，我们不能简单地肯定和否定，而应结合我国社会主义初级阶段的基本国情和当前的国际形势，对大学生开展基本国情与基本世情教育，让他们认识到，只有社会主义才能使中国强大起来，激发大学生为建设社会主义现代化强国作贡献的紧迫感、使命感和责任感。

在国情教育方面，除了加强国家历史与国家地理的教育，还要着重结合改革开放的历史进程，引导大学生认识中国特色社会主义的强大生命力，以及在社会主义建设过程中面临的一些突出问题。改革开放 40 多年来，我国取得了举世瞩目的发展成就。英国《金融时报》认为，以一个发展中国家的身份，中国成为近年来全球经济增长的主力，这在现代经济发展史上是少见的。但在成就面前，我们仍需保持清醒的头脑，必须看到，我国仍处于并将长期处于社会主义初级阶段的基本国情并未改变。要想全面实现现代化，还有很长的路要走。

在世情教育方面，除了加强世界历史与世界地理的教育，还要着重引导大学生认识当今世界和平与发展的时代主题，以及国际环境的复杂性。在 21 世纪，世界多极化和经济全球化的趋势在曲折中发展，科技进步日新月异，综合国力竞争日趋激烈。世界经济失衡加剧，能源资源压力增大，生态环境问题突出，贸易保护主义趋势上升，国际安全面临新的挑战。国际大环境对我国发展既有许多有利因素，也有不利因素，这就要求我们准确把握人类社会发展规律，进一步推动建设和谐世界，为我国实现可持续发展创造所需要的外部环境；要求我们抓住机遇、加快发展，在未来的发展中赢得更多的主动，在复杂多变的国际格局中始终立于不败之地。这是我们所面临的国际局势变动的新考验。

（二）培养大学生的民主意识与法治精神

培养大学生的民主意识与法治精神，是高校思想政治教育的主要任务之一。民主意识与法治精神教育，是当代高校思想政治教育的重要内涵。

1.高校思想政治教育要致力于培养大学生健康的民主观念

民主观念是现代国家公民的基本素养。我国是社会主义国家，我们培养的人才更应当具有民主素养。高校思想政治教育要致力于培养国家合格公民，培养当代大学生健康的民主观念。众所周知，大学生作为青年群体的一部分，思想活跃，爱国热情高，参与国家政治生活的愿望强烈，向往民主。如果将这种热情和愿望引导到社会主义法治建设的轨道上，就会成为推进民主政治建设的一种积极因素。相反，如果缺乏正确的民主意识和清晰且牢固的法治观念，不懂得参与民主政治必须依照法律的规定和法定的途径，分不清社会主义民主同极端民主化和无政府主义的界限，就容易给社会带来危害，而且也违背了大学生的良好愿望。通过法治教育，大学生学习到了法律基本知识，增强了法律意识，形成了正确的民主意识和牢固的法治观念，从而通过正确的途径和方法表现自己的爱国热情，实现自己的政治愿望。

2.高校思想政治教育要致力于培养大学生的法治精神

我国的法律是根据国家的经济、政治和社会各方面的需要，依据经济运行规律和社会历史发展规律制定的，是保证社会稳定和社会发展的重要武器。法律作为广大人民群众管理国家、建设国家的重要武器，为大学生投身社会实践，行使主人翁权利，提供了可靠的法律保障。法律指导和规范着人们的社会行为及其方向，明确地赋予人们所享有的权利和应当承担的义务，保护着人们所享有的种种权利。一方面，法律为大学生的发展开辟了广阔的天地，保护着他们健康成长。如果有人侵犯了大学生应享有的权利，大学生就可以拿起法律武器，依靠法律的保护而重新获得这些权利。另一方面，大学生也要遵守国家的法律与制度，做知法守法的公民。高校思想政治教师必须让大学生清醒地认识到，只有维护国家法律的尊严，才能赢得自己的尊严，才能在社会上正常发展。大学生作为有知识的群体，是国家未来的栋梁，他们是否具有法治精神，在很大程度上影响着中国特色社会主义的法治进程。加强对当代大学生的法治教育，是高校思想政治教育的重要任务。

3.高校思想政治教育要提高大学生的民主意识、法治意识和政治素质

只有提高民主意识、法治意识和政治素质，人们才能够有序、有效地参与社会主义政治生活。当前，高校对大学生的政治素质教育相对突出，对他们的民主法治教育相对不足，这与社会主义政治文明进一步发展的需要是不适应的。在今后几十年，社会主义政治文明将会取得更大的发展。在这一过程中，高校思想政治教育应发挥强大的政治引导功能，强化对大学生的民主与法治教育，提高大学生的民主意识和法治意识，使之无论是在校期间，还是毕业以后，都能够有序、有效地参与社会主义政治事务。

（三）认识形势与政策

形势与政策教育是我国高校思想政治教育的重要内容和重要形式，无论是从帮助大学生正确认识国内外形势，掌握党和国家的路线、方针和政策等方面，还是从培养大学生正确运用马克思主义的思想观点分析问题、解决问题等方面，抑或是从开阔大学生视野、拓宽大学生知识面、弘扬科学精神等方面，形势与政策教育都显示出其独有的作用与地位。形势与政策教育受重视程度也随着时间的推移、形势的变化而不断提升：从提出形势与政策教育应当列入教学计划，到决定在高校思想政治教育课程中设置形势与政策课程；从把形势与政策课程的管理纳入思想品德课的课程管理体系、列入大学教育全过程、规定平均每周不少于一学时、实行学年考核制度、成绩列入学生成绩册，到对高校学生形势与政策教育的地位、作用、做法等提出了更加明确、更加系统的意见，我们不难看出党和国家对加强高校学生形势与政策教育的重视程度。

高校开展形势与政策教育，应坚持以马克思列宁主义、毛泽东思想、邓小平理论、"三个代表"重要思想、科学发展观、习近平新时代中国特色社会主义思想为指导。从适应国内、国际变化来看，我国正处在百年变局加速演进的时期，国际形势复杂多变，各种价值观念和社会思潮纷繁复杂。面对世界范围思想文化交流、交融、交锋形势下价值观较量的新态势，面对改革开放和发展社会主义市场经济条件下思想意识多元、多样、多变的新特点，我们要积极培育和践行社会主义核心价值观，扩大主流价值观念的影响力，提高国家文化软实力。把形势与政策教育引进高校思想政治课堂，本身就是社会主义核心价值观的体现。

我国经济实力显著增强，市场经济体制逐步完善，人民的生活水平大幅度提升，民主法治建设不断发展，文化更加繁荣，社会更加和谐，国防和军队更加强大，国际地位日益提高，党的自身建设稳步深入。我国的发展不仅使我国人民稳步地走上了富裕安康的广阔道路，而且为世界经济的发展和人类文明的进步作出了重大贡献。当代大学生成长在改革开放取得重大成果的社会中，通过形势与政策教育，可以使他们充分认识到我国发展的成就和大好形势，进一步树立民族自信心和自豪感。

我国的政治形势和经济形势在主流上是健康向上的，但是我们从事的是前无古人的事业，没有现成的经验可供借鉴，在国内外还面临着这样或那样的困难，这就注定了我们前进的道路是不可能平坦的。因此，必须对广大学生进行形势与政策教育，使他们能够正确地看待当前的形势，看到形势的主流和健康的发展趋势。更为重要的是，我们党根据当前形势所采取的政策和措施，需要通过教育和学习的途径，为广大青年所掌握，以增强他们对社会主义事业必胜的信心。因此，形势与政策教育作为高校思想政治教育的重要内容，作为高校思想政治理论课的重要组成部分，在高校思想政治教育中担负着重要的使命，具有不可替代的重要作用。加强形势与政策教育，是高校思想政治教育的重要内涵。

（四）高校日常事务中的思想政治教育

高校思想政治教育是一项长期的工作，不可有丝毫的松懈。为此，高校思想政治教育必须做宽、做细、做深、做久，使之成为大学生日常生活的一部分；必须时刻关注大学生日常学习与生活中出现的每一个实际问题，将思想政治教育与大学生的学习和生活紧密结合起来，使思想政治教育无处不在、无时不有，这就是高校思想政治教育的生活化。注重日常生活中的思想政治教育，是高校思想政治教育的重要内涵。

大学生的日常生活是丰富多彩的，高校的日常事务是纷繁复杂的。做好高校日常事务中的思想政治教育，需要从以下几个层面入手：

首先，课堂教学是高校基本的实践活动。要充分发挥思想政治理论课程在高校思想政治教育中的主渠道作用，充分发挥哲学社会科学课程在培养大学生人文精神方面的作用，充分发挥各类自然科学课程在培养大学生科学精神方面的作用。

其次，大学生日常事务管理是高校正常运行的重要环节。要在大学生日常事务管理中渗透思想政治教育，实现管理与教育相结合，需要加强制度建设。制度化是任何工作走向正规化、科学化的必经之路。高校日常思想政治教育制度化，既包括日常管理工作制度化，也包括专职队伍建设制度化。

再次，丰富多彩的校园文化是大学生日常生活的重要组成部分。加强校园文化建设，可以为大学生的成才创造良好的环境。校园文化建设首先是加强校风、教风和学风建设，重点在于培育民族精神和大学精神，形成有自己学校特色的教风和学风。高校要通过开展丰富多彩的活动，寓教于乐、寓学于乐，以喜闻乐见的方式把思想政治教育融入大学生的学习和生活之中。

最后，网络是高校思想政治教育工作的重要领地。网络已经融入大学生的生活，它以信息量大、内容庞杂等特点深刻地影响着大学生的生活方式和思维方式。为此，要切实加强校园网络建设，重点建设集思想性、知识性、趣味性、服务性于一体的主网站，建立一支思想水平高、业务能力强、熟悉大学生特点的高校思想政治教育工作队伍和网上评论员队伍。高校的网络工作者要密切关注校园网的动态，留意大学生关心的话题，并注意加强正确的引导。高校要牢牢掌握网上思想政治教育的主动权，使网络成为高校思想政治教育工作的重要领地。

引导大学生健康成长和全面成才的行动指南，是指导高校做好大学生思想政治教育工作的重要法宝。各高校一定要认真学习贯彻习近平总书记关于大学生思想政治教育的重要论述，准确把握新时代高校思想政治工作的新形势与新任务，努力构建全员育人的利益调控机制、全过程育人的内部整合机制、全方位育人的外部协同机制，不断完善高校的"三全育人"体系和"十大"育人体系，为落实立德树人的根本任务、建设高质量教育体系和教育强国作出更大贡献。

第二节 高校思想政治教育的特征

一、高校思想政治教育的环境特征

大学生思想政治教育会受到政治教育环境、接受客体和实施主体三方面因素的影响，而且这是一个互动的过程。如果政治教育环境、接受客体和实施主体三个要素之间互相协作，就有利于开展思想政治教育；反之，则会降低政治教育的效果。

（一）思想政治教育环境的多元化特征

思想政治教育环境形成了传统文化、现代文化等多种文化并存的多元格局。随着对外开放程度的不断加深，我国政治、经济、文化三方面的相关体制改革不断推进，逐步形成了思想文化多样、阶层利益多元、文化环境复杂的局面。在该局面的影响下，大学生的思想也日益复杂。

（二）思想政治教育环境的国际化特征

由于世界各国教育之间的交流越来越频繁，合作的内容越来越广泛，思想政治教育也在该过程中受到了国际发展形势的制约。在国际化的教育大环境下，虽然各国的思想政治教育内容各不相同，但其中心都是着眼于对本国文化精神方面的认同，以及个人对家庭、社会的责任，从而使得人们的行为举止符合社会基本道德标准，完成从"自然人"到"社会人"的转变。由于社会历史、环境、人文的不同，各国思想政治教育实施的方法也不同，形成了各自鲜明的特色。西方国家重视实践养成教育，其主要以学校教育为主，辅以家庭教育、社会教育、企业教育等；而我国主要强调内在的修养，同时倡导政府主导的道德教育，人们的思想教育是客观性和显性并存的，通过兼收并蓄，吸纳优秀的精品文化，加强学生的思想政治教育，由此便形成了独一无二的文化传统和精神品质。

二、高校思想政治教育的对象特征

在社会转型和改革开放的时代背景下，由于经济、政治、文化环境的迅速变化和科学技术的迅猛发展，大学生作为思想活跃、易接受新鲜事物、充满生机与活力的群体，呈现出了与以往不同的特征。

（一）人格的独立性

存在是哲学的基本范畴，存在方式是指物质与精神的高度统一，通俗理解就是生活方式。人的存在方式在经济性质的转变过程中发生了巨大的变化，对此，马克思的概括是从人对人的依附性的存在转向以物的依赖性为基础的人的独立性的存在。当社会主义市场经济成为主流时，企业和个人不再是以往的人身依附关系，二者互相独立，个体的平等意识得到发展，经济发展中的主体特性日渐突出，而大学生的思想势必会受到这种发展变化的影响。与以前的大学生相比，如今的大学生主体意识提高，独立意识加强，法律意识凸显，同时突破了自我认识的局限性，追求前卫，张扬个性。很多大学生利用课余时间做兼职，经济自主化也日渐凸显。

在市场经济条件下，竞争机制的引入激发了人们生产的动力和活力，促进了生产力和生产关系的解放，带动了政治、经济、文化的全面繁荣发展。同时，人们的谋生方式也因为就业机制的改变而变得多样，在一定程度上改变了人们对社会和国家的依附关系，增强了民众的自信和自由度，这也从根本上改变了人们的思维方式。

（二）需求的层次性

需求是人内心意识的外化，在不同的社会发展阶段，人的需求层次是不同的。理想是人在需求的基础上想要追求的更高一级的目标，在一定程度上被认为是对现有需求的超越，也可以被认为是更高级的需求。从需求的分层来看，理想属于自我实现的层次，在一定程度上，人的需求决定着理想的高度。从实现人的全面发展这个角度来说，对大学生进行思想政治教育主要是为了提高大学生理想追求的高度，从而为其理想的实现提供支持。

当代大学生背负着家庭、学校和社会的期望。学校阶段不仅是学生生理和心理发展的阶段，还是"三观"形成的重要阶段。大学生受到家庭背景、学习经历、志向兴趣、人际关系及生活境遇的影响，对国家、社会、学校的感情会存在差异。正是因为对自身定位的差异，大学生会选择不同的方式让自己的需求得到满足，因此便衍生出不同的思想政治教育成果。高校思想政治教育工作者应该根据大学生的实际情况开展思想政治教育：一方面，允许差异的存在，承认差异存在的合理性；另一方面，因材施教，有针对性地开展思想政治教育。

三、高校思想政治教育的创新特征

高校思想政治教育要根据国家需要、高校需要及广大教师的需要，进行不同程度的创新，从而适应社会的发展。其中，社会需要可以被细化为国家需要、民族发展需要、群体发展需要、人的全面发展需要等。这些方面既存在着一致的部分，也存在着不一致的部分，于是便引发了一系列的问题。只有将这些问题解决了，才能推动高校思想政治教育的创新和发展。

为了解决高校思想政治教育无法满足大学生需求的问题，我国倡导"以学生为本"的教育原则，从而加快了教育创新。高校思想政治教育的发展在内容和形式上都有一定的创新，而这种因时而生的应急性创新，主要以思想政治理论课的建设、有效教育途径的拓展及党团组织的重要作用的发挥为主，从而加大了大学生思想政治教育工作的力度，整顿了工作队伍，取得了一定的成绩。

（一）高校思想政治教育创新的阶段性

从创新的角度来审视改革开放以来我国思想政治教育的发展历程，可以将其划分成以下三个阶段：

1.20 世纪 70 年代末到 20 世纪 80 年代末

这一阶段又可分成两个阶段：第一，20 世纪 70 年代末到 20 世纪 80 年代初，这是一个侧重建立新的思想理论基础和活动秩序的阶段；第二，20 世纪 80 年代初到 20

世纪 80 年代末，这是一个富有激情和理论想象力的阶段，在这个阶段里，社会在发展方面的指导思想日趋明确，因此产生了一系列重大的改革决定。高校思想政治教育在这样的大环境下有不少理论内容、传播方式和应用体系等方面的创新，如开设思想品德课，深入进行形势与政策教育，组织高校学生参加社会实践活动，在部分高校设置思想政治教育专业和开办思想政治教育专业第二学士学位班，加强高校学生思想政治工作队伍建设等。

2.20 世纪 90 年代初到 2012 年

这是一个蕴含大量发展机会的阶段，其中也夹杂着发展不平衡的问题。高校在这个阶段加快了思想政治教育的进程，深入贯彻落实新思想和中央精神，创新教育途径，开创了诸如网络思想政治教育、校园文化建设、学生生活园区思想政治工作等形式。另外，高校在应用理论方面进行了集成创新与引进消化吸收再创新，如在思想政治理论课教学中坚持理论传导与社会实践紧密结合，提高理论教育的有效性；同时，注重借鉴其他学科中的有关理论来分析与解决大学生思想政治教育中所面临的问题，如借鉴美学方面的接受理论、传播学方面的大众传播理论、心理学方面的学习理论、管理学方面的激励理论和组织学方面的群体动力理论等。随着我国学者对中华优秀传统文化内核解读的深入与拓展，高校思想政治教育的实务与理论研究都不同程度地关注了中华优秀传统文化元素，并且注意从具体品质到文化精神、从思想内涵到思维方式的不断提升与拓展。换言之，这一阶段在应用体系创新方面是全方位的。

3.2012 年至今

这是一个有序却面临着新挑战、新任务的阶段，高校思想政治教育在该阶段呈现出日新月异的综合创新的态势。党的十八大以来，党中央先后召开全国高校思想政治工作会议、全国教育大会，就思想政治课建设提出意见和要求。

2019 年 3 月 18 日，习近平总书记在学校思想政治理论课教师座谈会上强调："办好思政课，最根本的是要全面贯彻党的教育方针，解决好培养什么人、怎样培养人、为谁培养人这个根本问题。办好思政课，就是要开展马克思主义理论教育，用新时代中国特色社会主义思想铸魂育人，引导学生增强中国特色社会主义道路自信、理论自信、制度自信、文化自信，厚植爱国主义情怀，把爱国情、强国志、报国行自觉融入坚持和发展中国特色社会主义、建设社会主义现代化强国、实现中华民族伟大复兴的奋斗之中。"2022 年 4 月 25 日，习近平总书记在中国人民大学考察调研时进一步强调："'为谁培养人、培养什么人、怎样培养人'始终是教育的根本问题。"

（二）高校思想政治教育创新的延展性

这里所说的延展性创新是指某种创新具有巨大的联动效能，从而带动其他一系列创新活动的发生与发展，这种创新通常居于创新活动链的高端或创新活动系统的中心。而且这种延展性创新的表现，可以体现在理论创新、制度创新、体制创新、技术创新和管理创新等方面。

不可否认，高校思想政治教育也存在着延展性创新，其联动效应正在逐步显现，如几十年的思想政治教育学科建设不仅增强了自身的力量，而且对思想政治教育的实务工作也产生了越来越明显的推进作用，同时实务工作的进展又反过来促进理论的深入研究。在工作理念方面，高校思想政治教育在坚持"三贴近"（贴近实际、贴近生活、贴近群众）方面不断探索，注意将教育规范与充分满足大学生的成才发展需求有机结合起来，并且产生了一些引进消化吸收再创新的理论和教育方式。

第三节　高校思想政治教育的理念

随着政治、经济、文化的快速发展，处于社会中的人的思想观念和生活方式也发生了巨大的改变。在新形势下，高校思想政治教育要紧跟时代的特征，切实担负起为中国特色社会主义事业培养建设者和接班人的重任。基于这种形势，如何建立与新时期社会相适应的思想政治教育新理念，是国家和所有高校思想政治教育工作者需要深刻探讨和研究的问题。

理念是经过长期思考及社会实践所形成的思想观念、理想追求、精神向往和哲学信仰的抽象概括。教育理念是在教育的实践过程中形成的对教育活动的理性认识，以及在教育思维活动中形成的教育观念。思想政治教育理念是思想政治教育中的主体在教育实践过程中形成的有关思想政治教育最基本问题的理性认识，是对思想政治教育的地位、功能、目的、任务、过程、内容、原则、方法和规律等的总体看法，是对思想政治教育观念起统领作用和统摄意义的核心观念，是所有参与思想政治教育活动的主体在思想政治教育实践过程中所要遵守的根本指导思想和行为准则。高校思想政治教育理念是思想政治教育主体在思想政治教育思维活动中形成的一种教育指向性观念。思想政治教育理念在实践中不断创新，在创新中不断发展。这种创新与发展主要来源于先进的思想和理论，以及对现实问题的尊重与深入反思。

一、全面发展的教育理念

一切工作都要以促进人的全面发展为中心，只有解决好这个问题，社会经济才能稳步发展。目前，思想政治教育的目的是为国家培育合格的社会主义建设者和接班人。这属于一项惠及千家万户的项目，必须将人的全面发展作为基本原则。

就目前来看，能否实现大学生全面发展这一目标的关键在于大学生的综合素质是否得到提升，即大学生在思想道德素质、科学文化素质和身心健康素质方面是否实现了全面发展。这三者相互关联、密不可分。作为组成大学生综合素质的要素之一，思想道德素质是大学生素质教育的核心；科学文化素质是大学生综合素质中的重要组成部分，是大学生成才的关键所在；身心健康素质在大学生的综合素质中属于基本条件，大学生要想实现全面发展离不开身心健康这一前提。上述条件是大学生能够实现全面发展的保障，具体来说，大学生要做到以下几个方面：

（一）积极融入社会实践

实践是人实现自身价值的必要途径和根本保证。大学生只有通过社会实践，才能实现自我发展和完善。劳动是人类社会存在和发展的基础，促进了社会的进步。在劳动的影响下，人类摆脱了无知和蒙昧，通过各种社会实践活动开始具有一定的社会属性及社会关系，而社会实践的进一步发展也促使人得到了进一步的发展。

理解和掌握自然界与人类发展的基本规律是实现大学生全面发展的关键。积极参与各种社会实践是当代大学生实现自身全面发展的基础与前提之一。大学生只有在社会实践中发现问题、解决问题，才能使自己逐渐发展成能够满足社会需要的新青年。这也是开展高校思想政治教育的最终目的，即实现大学生自由全面的发展。高校思想政治教育工作者在开展教育工作的过程中要坚持用一视同仁的态度看待社会实践和理论教学，既要重视理论教学，又要重视实践教学。只有确保理论与实践的有机结合，才能使大学生的个人潜能得到最大限度的开发，进而更好地实现高校思想政治教育的目标。

（二）确立正确的人生目标

任何一个个体都有自己的人生目标，这些目标并不单纯地表现为某种信仰和理想，还指那些可以在人生观的指引下经过自己的不懈努力而实现的目标。由于所处位置不同，因此不同主体的关注点也有所差异。例如，家长和大学生更注重家庭和个人发展，而高校和社会则更注重个人发展对社会利益和需求的满足。

大学阶段是大学生确立人生目标和价值观的关键时期。高校思想政治教育工作者需要引导大学生树立以人为本、公而忘私、艰苦奋斗、积极奉献、为社会主义奋斗的精神和信念，这些同时也是人类社会化的重要内容。做好这些工作，无论是对于社会还是对于大学生个人都具有极其重要的意义。

（三）遵守社会活动准则

社会活动准则对于人们的社会行为起着制约作用。在一定程度上，社会规范是社会关系的体现，是人类社会化的又一重要内容，它可以反映国家和社会的发展状况。

思想政治教育的一项重要任务是引导大学生遵纪守法，即帮助大学生拥有道德修养是开展思想政治教育的根本目标。大学生思想政治教育的目的是使大学生得到自由而全面的发展，进而成为符合社会要求的高素质人才。

二、开放式的教育理念

开放式教育通过营造一种民主、平等、自由、互动、和谐的教学关系及教育氛围，优化教育资源和环境，并借助现代科技手段，构筑起一种新的教育模式，其根本目的在于使大学生全面发展。高校思想政治教育利用多元的教育资源、自主互动的教育模式、民主平等的师生关系、创新与和谐的教育氛围，使大学生树立正确的世界观、人生观、价值观，并使其积极融入社会，成为高素质的综合人才。

（一）开放式教育是交往互动教育

高校思想政治教育中的开放式教育要求在教育过程中实现教师和大学生之间的相互沟通、相互交流与相互理解，让大学生在各种信息交往中不断实现自身的发展和进步。开放式教育更注重对大学生交往能力的培养，引导大学生正确认识社会交往，理性选择交往对象和方式，在有效的交往中实现自我完善与发展。

（二）开放式教育是包容性教育

面对多样性和多元性的自然及社会发展环境，高校思想政治教育应秉承开放包容的教育理念，使大学生在复杂多变的自然和社会环境中实现全面、自由的发展，使普遍性要求与先进性要求在教育目标中实现多层次的有机结合，使丰富的教育内容体现出主旋律与多样化的有机结合，使科学的教育模式呈现出共性与个性的有机结合。

（三）开放式教育是自我教育

自我教育能力是当代人核心竞争能力的一项重要组成部分。高校作为教育主体，要注重激发大学生自我教育的愿望和自我构建的过程，在培养大学生自我激励能力、自我控制能力、自我管理能力的过程中，把思想政治教育的模式目标转化为大学生主动追求的目标，从而引导大学生养成自我教育的良好品性。

三、以人为本的教育理念

只有在高校思想政治教育中坚持以人为本，始终贴近大学生的生活实际，才能提高思想政治教育的实效性和吸引力，培养出德智体美劳全面发展的社会主义建设者和接班人。高校思想政治教育工作者应在以人为本这一教育理念的指导下探索有效方法，提高大学生的思想政治素质。高校教育提倡以人为本，最重要的是要把培育"人"作为一切工作的出发点和落脚点，所有教育教学活动都应围绕"人"的发展而实施。高校思想政治教育从设置课程到教学形式、教学目标都要围绕以人为本、以学生为主体、以学习目标和学生全面发展为出发点展开，只有采取适合大学生学习的方式，才能够取得理想效果。

（一）贯彻落实以人为本的教育理念

在贯彻落实以人为本教育理念的过程中，一定要处理好以下几个问题：

第一，在开展高校思想政治教育的过程中，一定要以人的全面发展为工作宗旨。高校思想政治教育应立足于提高大学生的思想道德素质，提升其全面素养。高校思想政治教育工作者应通过积极引导，帮助大学生树立良好的世界观、人生观、价值观，促进其全面发展，这样的高校思想政治教育才是以人为本的教育，才是符合人才发展的教育。

第二，在开展高校思想政治教育的过程中，应树立社会价值与个人价值辩证统一的观念。个人价值和社会价值是相统一的。以人为本的教育理念强调个人理智的发展、品质的形成和个体潜能的发挥，强调把个人的人格、自由、平等、幸福和全面发展作为教育的终极关怀。

第三，在开展高校思想政治教育的过程中，要牢固树立以人为本的思想政治教育理念。人的思想观念会随着人的道德水平的提高而不断改变。思想政治教育的社会性需要高校思想政治教育工作者在不断变化的社会环境中，遵照以人为本的理念，重视思想道德教育。要想使思想政治教育长期化，就要改变高校思想政治教育教学的短期行为，革新思想政治教育的方式、范围、内容，不断提升大学生的思想政治水平和道德品质。

（二）设计以人为本的教育内容

以人为本的思想政治教育内容要表现出科学的时代特征，用富有时代特色的价值标准充实思想教育的内容，重视大学生现实、具体的需要和发展诉求，要用心安排教育内容。高校思想政治教育内容包括思想品德教育、法治教育、历史教育、形势与政策教育等。这些教育内容均需在深入分析后与大学生实际结合起来，使之内化在大学生的整个大学学习生涯中。在设计以人为本的教育内容时要注意以下问题：

第一，高校思想政治教育在继承中华民族传统美德的同时，还应根据经济社会和人的发展需要，创新高校思想政治教育的价值标准，并注意将这种继承和创新结合起来。弘扬中华民族传统美德既能加强对大学生的思想政治教育，也能丰富大学生的个性化思想，鼓励大学生勇于创新。

第二，将竞争意识与合作精神相结合。竞争使人精神振奋，努力进取，是现代社会发展过程中不可缺少的心态。高校思想政治教育要引导大学生在竞争中保持健康的心态，正确对待竞争，实事求是，脚踏实地。同时，合作广泛存在于群体内部和竞争对象之间，与竞争对象合作可能在竞争中达到双赢。

第三，将个人、社会与自然的协调发展相结合，包括人与社会的关系和人与自然的关系。个人与社会的协调发展要打破个人本位与个人封闭，要进行以社会规范为内容的主体化引导，提高人的社会化程度与制度化水平，进行以人的全面发展为内容的主体性引导。在人与自然的协调关系上，要利用科学技术来发展人，要克服个人本位，寻找人与自然的和谐点。

第四，进一步提高高校思想政治教育理论的针对性和实效性。各高校可以通过开设系列思想政治教育理论相关辅助课程，培养大学生尊重生命的意识，培养大学生对他人的情感，教育他们掌握一定的情感知识和技巧，引导他们正确处理情感问题。

（三）运用以人为本的教育方法

在进行思想政治教育的过程中，高校思想政治教育工作者要强化民主意识，以平等的身份，尊重教育对象，树立人性化的教育观念；高校思想政治教育工作者要以身作则，用实际行动感化和熏陶大学生，激发大学生的学习主动性和自我约束行为；高校思想政治教育工作者可以采用灵活多样的教学形式，提升教学的趣味性和有效性，变简单的知识传授为学生与教师的互动互学，以达到教学相长的目的。

大学生的自我教育是实施以人为本的思想政治教育的有效方法。自我教育是成才的重要途径。自我教育的过程，就是提高自我认识能力、自我控制能力和自我调节能力的过程。高校思想政治教育中的自我教育是发挥大学生主体性作用的重要标志，是实施以人为本思想政治教育的重要方法。引导大学生进行自我教育的策略包括：引导大学生正确认识自我，指导大学生进行自我激励（包括目标激励、活动激励、成就激励），鼓励大学生自我管理、自我约束，帮助大学生认真进行自我评价。在引导大学生进行自我教育的过程中，要用中华优秀传统文化资源和民族精神来培养大学生。

四、德育为先的教育理念

德育为先是一种工作原则和理念，是立德树人的基本方略。德育为先强调德育有别于其他教育，具有先导性和引领性的作用。加强和改进高校思想政治教育工作水平，就应该培育思想道德情感和意识，渗透思想道德认识和信念，塑造思想道德意志和行为。对德育为先内涵的把握要注意三点：第一，确立德育在对大学生实施的德、智、体、美、劳等方面的教育中的首要地位，德育的首要地位是由其在教育中的特殊作用决定的，德育决定着大学生全面发展的方向；第二，德育在人的全面成长和发展中起导向作用，这种导向作用可以实现党和国家诸多教育方针所确定的培养目标；第三，不断提高德育的质量和水平，切实保障德育在各类教育事业发展中的优先地位。

德育为先的理念对于加强和改进高校思想政治教育工作的质量和水平具有重要的意义，具体体现在以下几个方面：

（一）是全面贯彻党的教育方针的需要

教育的使命就是为社会主义现代化建设作出贡献。培养德智体美劳全面发展的社会主义建设者和接班人，必须持续贯彻德育为先的教育理念。德育是学校实施素质教育的重要组成部分；智育是核心，决定着人的全面自由发展的程度；体育是基础，影响着教育发展的进程；美育是发展的重要内容，关系着教育发展的质量和水平；劳育是保障，决定着社会主义建设者和接班人的劳动精神面貌、劳动价值取向和劳动技能水平。因此，要充分发挥各种教育之间的相互关系，发挥不同教育各自的最大功能，充分挖掘思想政治教育理论的育人功能，同时把德育为先理念贯穿于培养人才的各个方面，从而实现教育功能和教育效果的最大化。

（二）是德育工作的评价标准

德育为先理念为评价德育工作提出了崭新的评价标准和依据。德育为先理念明确了德育所具有的重要地位，是以人为本教育的前提和保障。同时，德育为先理念也指明了德育发挥的统领性作用。

（三）是大学生成长与成才的必由之路

道德修养是一个内化的行为过程，是把道德知识、道德理论与道德实践相结合的过程。高校思想政治教育工作者要坚持德育为先的原则，不懈地对大学生进行社会主义核心价值观教育，培养符合中国特色社会主义现代化建设事业所需要的合格人才。通过学习以社会主义道德为重要组成部分的思想道德，大学生会自觉传承优良道德传统、恪守公民基本道德规范、树立正确的道德观，按照社会主义道德的要求完善自我。

第四节 高校思想政治教育的过程与规律

一、高校思想政治教育的过程

（一）高校思想政治教育过程的内涵阐释

高校思想政治教育是一种特定的信息传播活动，是以中国特色社会主义理论体系为核心内容，以提高大学生的思想政治素养为特定目的的思想政治教育的信息传递过程。高校思想政治教育过程是高校思想政治教育工作者根据一定社会的思想品德要求和大学生思想政治素质形成发展的规律，对大学生施加有目的、有计划、有组织的教育影响，把一定社会的思想观念、价值观念、道德规范转化为大学生思想品德的过程。高校思想政治教育过程是思想政治教育过程的一个子集，是专门针对大学生这一特殊群体所进行的探寻。在对"高校思想政治教育过程"含义的界定中，比较具有代表性的观点如下：

高校思想政治教育过程是指在一定环境的影响下，教师根据教育指导思想的要求，对大学生进行有组织、有目的、有计划的教育，帮助他们形成正确的思想政治品德所经历的过程。

高校思想政治教育过程是教师组织教育活动，通过有目的、有计划、有组织的影响，把社会要求的政治观点、思想体系和道德规范转化为大学生的思想政治品德，包括教师施加影响和大学生接受影响两个方面的活动，这说明高校思想政治教育过程是一个双向互动的过程。

高校思想政治教育过程是教师根据社会的思想品德要求和教育对象的思想品德形成与发展规律，借助一定的思想政治教育资源和思想政治教育中介与大学生进行互动，通过对大学生施加有目的、有计划、有组织的教育影响，促使大学生内在的思想品德产生矛盾运动，使大学生养成符合社会与人协调发展所要求的思想品德的过程。

根据以上对"高校思想政治教育过程"含义的界定，总结出高校思想政治教育过程应该包含以下四个过程：

第一，高校思想政治教育过程是一种双向互动的活动过程，是思想政治教育教师与大学生之间交流的过程。

第二，高校思想政治教育过程是一种目的性凸显的活动过程，就是要培养大学生形成符合一定社会期望的思想品德的过程。

第三，高校思想政治教育过程是教师和大学生共同参与、相互作用的过程。

第四，高校思想政治教育过程是大学生实现个体价值与社会价值的过程。

（二）高校思想政治教育过程的特点

1.连续性与间断性统一的特点

高校思想政治教育过程中的连续性与间断性统一的特点与唯物辩证法有很多相似之处。唯物辩证法明确提出，量变始终是任何事物发生变化的开端，随着量变的不断积累，事物最终会出现质的飞跃。量变与质变是相对连续的过程，质变之后又会相应地产生新一轮量变。这一过程与个体的思想政治教育形成过程十分相似，可将个体视为发生量变的主体，将个体思想政治教育的形成过程视为由量变到质变、再在新质基础上开始新的量变的循环过程。由此可见，高校思想政治教育的过程是相对漫长且交替循环的。

连续性是指高校思想政治教育过程的漫长。个体若想真正改变自身的思想，必将经历一个漫长的过程。高校思想政治教育工作一定要分步走，分阶段引导人的思想政治品德，这在一定程度上又体现出间断性的特点。

首先，高校思想政治教育工作大致分为教育准备、沟通交流、理论讲授、实际应用、评价反思五个阶段。各阶段相互作用、相辅相成。只有将高校思想政治教育过程划分为多个阶段，才能体现出高校思想政治教育过程既是连续的，又是分阶段、间断性的，也从侧面表现出阶段性是间断性的重要组成部分。

其次，高校思想政治教育过程的间断性也表现为反复性。个体在思想品德形成过程中很容易受到外界因素的影响，会出现思想后退的现象，为了很好地解决这一问题，就需要反复教育。任何教育都不能保证一次成功，大多数时候都需要不断重复，每当遇到不同的问题时，需要有针对性地开展教育工作，这就是间断性的重要体现。

在高校思想政治教育过程中，个体的行为与思想总是向好的方向发展且呈上升趋势，只有不断开展教育活动才能够达到预期的效果。政治教育绝不是一蹴而就的，高校开展思想政治教育需要连续和持久，并制定阶段性的教育目标，这样才能够进一步提升个体的思想品德。

2.贯通性与反馈性交织的特点

社会环境及其他外界因素都会对思想政治教育产生一定程度的影响，可能会起到促进作用，也可能会产生一定的抑制作用，这就要求教师在反馈调节阶段做好信息的整合与调整。反馈调节机制是教育目标实现的强有力的保证，因为反馈调节机制可以对外界环境加以干预。干预是指充分利用具有积极效果的因素，过滤掉具有消极作用的因素，净化思想政治教育环境。这也体现出高校思想政治教育具有一定的贯通性及反馈性，二者相互交织，互相作用。高校思想政治教育最为基本的要求就是有明确、正确的教育方向，而反馈调节机制保证了教学方向的正确性。除此之外，在思想政治教育过程中还要保证教育目标的连续性，连贯的教育目标能够更好地促进个体思想政治教育的形成。

3.针对性与有效性相通的特点

随着时代的变迁，社会对于人们思想品德的要求并不是一成不变的，而是不断发展变化的，具有很强的不确定性。高校思想政治教育除了具有不确定性，还具有一定的针对性，这主要体现在为满足社会需求而开展一系列目的性很强的教育活动。教师需要按照社会的需求来制定相应的教学内容，进而全面提升教师的思想品德，这体现出高校思想政治教育的针对性及有效性，而且二者相互联系、相互贯通。为了有效提升大学生的思想素质，教师应当有针对性地制定教学目标，采取恰当的教学方式。

与传统高校思想政治教育不同，现代高校思想政治教育强调以大学生为中心开展教育活动，要让大学生从被动接受知识变为主动学习，从而培养他们的自主学习能力及思想品德自我构建能力，让大学生既能真正意识到思想观念的重要性，也能够树立积极、正确的政治观念。教师应当采取一定的方式，充分调动起大学生学习的积极性与自主性，并且有针对性地开展教育活动，引导大学生积极参与高校思想政治教育实践活动。由于大学生之间会存在一定的差异，因此教师应当了解他们的兴趣爱好、学习能力、政治思想等，根据实际情况采取不同的教育方式。教师与大学生也不能缺少沟通与交流，沟通与交流能使大学生更好地接受并吸收更多的思想道德知识。

（三）高校思想政治教育过程的四个阶段

在教育过程中，高校思想政治教育通常涉及四个阶段：

1.准备阶段

在日常生活中，思想观念会不可避免地发生转变与革新，相应地，高校思想政治教育活动也会发生一些变化。高校思想政治教育和观念转变是一个漫长的过程，在这一过程中需要做到两点：

（1）做好相关的决策

只有正确的思想政治教育方式才可能达到相关教育监管部门的要求，因此要制定相对完整的思想政治教育培养方案，并结合大学生的具体思想观念，有针对性地制订思想观念教育计划。只有在思想教育的起步阶段做好相关的计划和决策，才能将思想教育活动顺利地开展下去。教育过程中还需重点注意以下几方面：

第一，要学会细心观察，发现教育过程中各式各样的问题。不同的教育监管部门制定了不同的思想政治教育要求，不同地区的思想政治教育方式也存在着明显差异，但都是为了共同解决教育过程中遇到的各类问题。在整个教学计划中，一旦发现或遇到相应的教学问题，就要及时向相关人员或部门反映，争取第一时间解决问题。相关工作者要在发现问题与解决问题的过程中不断完善思想政治教育计划，针对不同大学生的思想观念和思维方式制订出相对适宜的教育计划和教学方式。

第二，在教学过程中一定要明确相应的教学目标。高校思想政治教育是一个复杂且漫长的过程，在这一过程中必然会出现各种各样的问题。教师要记录和整理遇见的各种问题，并对其进行系统的分析与反思，从而不断改善教学方式和教育目标。高校思想政治教育与社会发展息息相关，高校思想政治教育的重要性不言而喻。在整个思想政治教育过程中，正确的思想观念与国家的改革目标、社会的发展需求分不开。在思想观念的引导过程中，教师一定要密切关注大学生的思想变化，在教学过程中逐步渗透社会发展的相关内容、国家的奋斗目标等，并将这些内容与大学生紧密地联系在一起，制订出内容完善、目的明确、实施性强的教育计划和教学目标。

第三，需要制定出具体明确的培养方案。在具体实施思想政治教育教学方案时，通常会出现多种意想不到的情况，从而使原本的教学计划和教学方案不能顺利地实施下去，此时教师需要在制定的备选方案中重新筛选出能够解决问题的教学方案。在制定教学方案时，需要全方位、多角度地考虑：教师是否能够独自完成教学计划，大学生能否积极配合教师完成计划，教学计划中的时间规划是否合理、内容是否新颖。当所有人集思广益制定出多个教学方案后，应由相应的管理者比较与研究各个方案，最终推选出合适的教育方案。

（2）保持和谐融洽的教育关系

无论在什么情况下，只要涉及传授和教学，就一定存在相应的师生关系。古往今来的诸多案例都能证明，良好的师生关系是教育工作顺利开展的必备条件之一。当教师和大学生之间的关系和谐、融洽时，教师能够愉悦地传道授业，也会在教育过程中倾囊相授，大学生也能在学习过程中保持积极、乐观的心态，勤于发问，善于思考。当二者都能够在教育过程中端正态度、尽心尽力时，教育和学习的效率就会大幅度提升，从而达到事半功倍的效果。虽然教育必须由教师和学生共同协作、相互配合，但不可否认，在教育过程中，教师往往占据着主导地位。当教师自身拥有强烈的责任感和丰富的经验与能力时，教育计划会更有成效。

2.信息交流阶段

当教育方案与教学计划确定后，教师及大学生都应当积极配合，在思想上高度重视，以最好的状态来迎接即将到来的教育实施阶段。无论是怎样优秀的教学计划、完善的教学方案，都离不开教师和大学生之间的沟通与交流。只有二者建立和谐、融洽的教学关系，才能够长时间保持二者之间的信息交流，才能在信息流通的过程中实现相互间的无障碍交流。在教育过程中，信息的传递和流通必然伴随着各类无用信息的混入和掺杂，大学生应当拥有一定的辨别能力，过滤掉授课过程中涉及的无用信息和内容，有目的、有选择地学习。

与传统的理论课程不太相同，高校思想政治教育课程对于大学生来说相对容易。在思想政治教育的学习过程中，虽然没有思维的转化和跨越，但也绝不是简单的记录和背诵，大学生需要把课堂上学习到的知识通过加工，并结合自身的认知，转化成自己的思想政治观念。在教育过程中，教师的接受活动及相关的教育技巧和教学经验，都会对大学生的信息接收情况产生直接影响。因此，教师应当及时和大学生沟通交流，了解其学习情况。

3.理论内化阶段

在个体思想品德形成过程中，有四种基本的心理支撑要素，即情、意、信、知，这四种心理要素共同构成了相对完善的系统。该系统主要是大学生在教师的引导下开展自主学习而构建的，其实质上就是理论内化的过程。理论内化是思想品德、意识境界的全面升华，理论内化必然会使心理因素之间产生一定的矛盾活动。在思想政治教育过程的理论内化阶段，大学生应当具备端正的态度、乐观的心态；教师应当有针对性地传授理论知识，规范大学生的行为，引导大学生完成自主学习及知识内化。

个体思想品德的形成对大学生及教师分别提出了一定的要求。对于教师而言，他们需要有针对性地传授知识，通过一定的方式推动大学生心理因素之间的矛盾运动，不断培养大学生的思想道德品质及自主学习的能力；对于大学生而言，他们应在一种主动的状态中实现从不知到知、从知到信的转变，进而全面提升自己的思想政治素养。

4.外化应用阶段

在高校思想政治教育过程中只存在理论内化是远远不够的，还需要大学生将所学内容运用到日常生活中，实现外化应用。

在高校思想政治教育过程中，最复杂、最难实现的就是外化应用，因为这一阶段要实现由知、信到行的转变，但这种转变在实际操作中很难实现。动机是行为发生的最主要原因，任何行为的发生都需要一定的动机，但二者并不是一一对应的关系。类比到高校思想政治教育中也是一样的，高校思想政治教育外化应用的过程离不开内在动机，只有存在内在动机，才能够让大学生作出相应的行为。

在外化应用阶段，教师需要特别注意大学生的思想状况，激发其内在动力，进而引导大学生作出相应的选择。动机与行为之间存在着众多制约因素，将内在动机转化为特定行为并不是一件容易的事，只有冲破心中的束缚并具有一定的意志，才能够实现高校思想政治教育的外化应用。意志对于大学生的行动而言至关重要，大学生只有具备坚强的意志，才能够冲破重重束缚。

二、高校思想政治教育的规律

（一）高校思想政治教育规律的内涵阐释

规律是事物发展过程中本身固有的、必然的、本质的、稳定的联系，决定着事物发展的趋向。规律具有客观性，人们不能随意创造和改变规律，只能发现、把握和利用规律。高校思想政治教育有自身固有的规律，该规律也就是高校思想政治教育过程中诸要素之间固有的、本质的、稳定的、必然的联系及其矛盾运动的必然趋势。高校思想政治教育的规律同样是不以人的意志为转移的，不管人们能否知道它，它都在发挥作用。

高校思想政治教育的规律所揭示的就是各要素之间的矛盾运动及其发展的必然轨迹。它可以具体表述为教师的教育活动一定要适合大学生的思想品德状况的规律，简称"适应超越规律"。它包括两个方面的内容：一方面，高校思想政治教育的层次性要求教师根据大学生的个性心理发展特点和思想道德状况来决定教育方式，不同的大学生应该采取"因人而异"的教育方式；另一方面，高校思想政治教育工作者与大学生之间存在互动关系。具体地理解高校思想政治教育的规律，至少应该包含以下几点：

1.注重教育主体、教育客体、教育环体、教育介体之间的相互联系

在实际的高校思想政治教育活动中，教育主体在教育介体中借助教育环体对教育客体施加影响。其中，教育主体与教育客体通过间接的方式进行互动、联系，教育环体与教育介体的优劣都或多或少地影响教育效果的发挥。因此，教育主体在进行思想政治教育的过程中一定要善于利用教育介体和教育环体。要想发挥高校思想政治教育过程中教育主体、教育客体、教育环体、教育介体的作用，应该做到以下几点：

第一，注重发挥教育主体和教育客体的主体性。在高校思想政治教育实践活动中，无论是教育主体，还是教育客体，都是具有一定社会意识和行为活动能力的人，都具有主体性，应该积极促成教师与大学生的双向互动。

第二，积极发挥教育环体和教育介体的有利条件，做到趋利避害。

2.注重理论创新和方法创新相统一

高校思想政治教育要突出实践性，这不仅是时代的需要，更是大学生健康成长的需要，而且理论价值得以实现的最有效的方式就是将其投之于实践。因此，要将高校思想政治教育理论与高校实践相结合，在检验理论的同时发展和丰富理论。同时，高校思想政治教育也要紧紧依靠理论，借助理论的"先知"推动思想政治教育实践的深入发展。这不仅是高校思想政治教育理论的创新，还是高校思想政治教育实践的发展和创新。高校在进行思想政治教育实践的过程中，应该将理论与实践相结合，不断丰富和发展理论，创新理论内容和形式，紧紧把握理论的科学性、现代性、专业性等特点。

（二）高校思想政治教育规律的发展分析

在高校思想政治教育发展过程中，各个要素之间的本质联系就是思想政治教育的基本规律。高校思想政治教育的最终目的是使大学生的思想品德能够按照社会要求的方向来发展，在发展的过程中不断地达到新的水平。教师对大学生的教育会根据社会发展的要求及大学生的自身情况来进行。大学生的思想品德发展会受到教育要求的限制，即张力。张力是一个物理学概念，它是指物体在受到力的作用时会反作用于力的发出者，两个力是互相垂直的牵引力。在其他学科中也引用了这一概念，这个概念可以解释事物之间的相互作用力、牵制力及平衡力。比如，高校思想政治教育也引用了这个概念。教师的教育目标是不断地提升大学生的思想品德可能性，使其不断地超越自我，达到更高的高度。

大学生的思想品德水平与教师的社会品德教育要求之间存在着矛盾，这也是高校思想政治教育的基本矛盾。对于这一基本矛盾，可以用适度张力规律进行相应的反映。

社会要求的思想品德与大学生的思想品德往往存在着一定的差距，这一矛盾会在社会对大学生的要求和大学生的具体情况等方面产生。高校思想政治教育的基本任务就是解决这一矛盾，通过教育改变大学生的思想品德，使之更加符合社会要求。教师根据社会的思想品德要求对大学生的品德提出要求，让这一矛盾在各种社会实践活动中得以解决，使大学生的思想道德水平得以提高。新的矛盾会在旧的矛盾解决后出现，社会也会不断提出新的教育要求，进而开展新的教育活动。对矛盾的不断解决就是高校思想政治教育的整个过程，大学生的思想品德不断地随着社会的要求而发展。教师在这一过程中被要求具备较高的思想道德水平，具备引导大学生的思想道德发展的能力。

在高校思想政治教育的过程中，适度张力规律可以揭示矛盾运动的基本趋势。适度张力规律在高校思想政治教育全过程中起着主导作用，它的地位是其他规律不能取代的。

第一，适度张力规律贯穿高校思想政治教育过程的始终。在高校思想政治教育过程中，无论是内化阶段，还是外化阶段，乃至重新教育阶段，适度张力规律都始终存在并发挥作用，而其他规律只是在高校思想政治教育过程的某一阶段或某一方面发挥作用。就高校思想政治教育过程本身来看，教育的目的是使大学生具有自我教育能力，使大学生自觉运用一定社会阶级的思想政治理论体系。

第二，适度张力规律规定了高校思想政治教育过程发展的基本趋势。一方面是教师传授的思想教育内容逐步深入，实施的教育方法不断优化；另一方面是大学生的思想政治品德与社会要求的思想政治品德规范趋于一致。

第三，适度张力规律决定了高校思想政治教育过程的实现程度。在思想政治教育过程中如果遵循了这一规律，必然产生良好的效果。

第二章 高校思想政治教育面临的新形势及对策

当前，互联网快速发展，高校思想政治教育受到了多方面的影响和制约，变得更加复杂、多样。因此，要加强新时期高校思想政治教育，就必须充分地分析、深刻地认识目前高校思想政治教育面临的机遇与挑战，要不断地总结经验，对出现的各种问题进行分析，尤其是对网络的快速发展给高校思想政治教育带来怎样的影响进行深入的分析与进一步的明确，如此才能做到有的放矢，才能更好地在网络时代做好高校思想政治教育工作。

第一节 高校思想政治教育的新机遇

一、高校思想政治教育体系日趋完善

要想充分地适应网络技术给高校思想政治教育工作带来的变化，就要结合社会的发展，解决出现的新问题。在国家有关方针政策的指导下，我国各大高校积极致力于网络思想政治教育机制的创新与发展，充分结合大学生的实际情况，建立新的思考方式，从而完善整个高校思想政治教育体系，在变化的过程中寻求发展，在创新中促进人员素质的提高，同时净化网络、维护网络安全。

（一）形成健全的高校网络思想政治教育目标系统

在网络视域下，大学生的全面发展已经成为整个网络教育体系的目标。由于现实情况比较复杂，所以高校在思想政治教育工作上要想实现大学生的全面发展就必须对当前的国情进行分析，只有这样才能形成健全的目标系统，教师才能对大学生起到引导作用，一切以社会主义思想道德教育为主要内容的行动才能始终向着总体目标的方向努力。要想使整个高校网络思想政治教育获得成功，就离不开完善的科学目标，因为完善的科学目标能够保证高校思想政治教育工作在网络技术的发展下有新的正确方向，促进高校网络思想政治教育机制的创新与发展。

（二）极大程度上丰富了高校思想政治教育内容

网络技术可以展示信息的价值，同时带给大学生和教师新的理念，这将进一步丰富高校思想政治教育的内容。教师还可以借助网络平台就社会热点内容与大学生进行讨论，并在这个过程中进行有效的学习和借鉴，进而提炼出适合高校思想政治教育的方法，有效引导和培养大学生的高尚思想品质。

高校网络思想政治教育体系需要在动态变化中不断更新。高校思想政治教育的内容因网络而日益丰富，网络更使高校思想政治教育工作形成了健康的文化氛围，从而促进整个社会的和谐发展。

（三）有效拓展了高校思想政治教育工作途径

网络课堂可以突破传统的课堂教学模式。同时，随着网络技术的飞速发展，高校思想政治教育工作途径也将得到无限的拓展。在课堂教学的过程中，网络能够提高大学生的学习兴趣；在课下，网络也可以进行更好的渗透，加深大学生对网络的兴趣，加强高校网络思想政治教育阵地的建设，以各种主题网站、论坛、博客等大学生所喜欢的各种形式将社会主义思想道德根植于他们的心灵深处，成为他们坚定的精神信念，这对他们的网络行为及整个人生发展都具有指导意义。

二、高校思想政治教育改革的顺利进行

经历了多年的改革与发展，我国在教育体制方面已经取得了显著的成效。高校逐渐意识到创新对于管理的意义，尤其是利用一些新的技术来实现理念的创新、管理模式的创新及体制的创新，进而优化配置教育资源等。

随着网络的出现，高校师生的关系变得更加平等，同时高校网络思想政治教育的模式有了新的界定。教育的根本是大学生，所以一切思想政治教育工作都要围绕大学生全面发展这个总目标前进。教师要充分发挥指导作用，在教育的过程中注意大学生对思想政治教育内容的接受程度，从大学生感兴趣的方面着手，进而拓宽高校网络思想政治教育的途径，形成立体化、全方位的教学模式。

这是我国教育改革的有益尝试，高校全体师生通过积极实践收获了宝贵的经验，从而为教育改革的进一步推进创造条件。师生平等互助的实现在很大程度上促进了正常的人际交流，便于教师及时根据大学生的实际情况开展教学活动，使高校网络思想政治教育体系处于动态更新过程中，保证其时效性，以促进高等教育工作的创新发展。

随着时代的不断发展，我国教育事业的改革也是必须进行的。要实现高校网络思想政治教育在教育改革中资源的重新分配，就要深入贯彻落实国家颁布的各项政策内容。同时，以科学的角度来看待问题，要以高校实际的发展情况为起点，提高大学生的自控能力，以大学生为本，积极高效地管理好校园网络，规范大学生在网络中的行为，及时纠正其各种错误行为，保证大学生在使用网络的过程中做到诚实守信、遵纪守法。

无论是在课堂上进行教学，还是从事一些课外的实践活动，网络的出现都有效地促进了高校思想政治教育工作的开展，实现了地域与空间零界限，从而更好、更全面地实现高校思想政治教育的发展，不断突破与创新，摒弃一些守旧的思想，依据大学生的特点制订教学计划，不断对高校思想政治主题教育进行强化，运用正确、丰富的信息来影响大学生的思想观念，使其树立坚定不移的社会主义信念。

三、高校思想政治教育工作向全球化方向发展

网络的出现不仅可以打破地域界限，还可以在全球范围内实现信息共享，对于高等教育来说，其已经成为受益者之一。

网络的推广加深了各国各高校间的合作。我国高校可以借鉴国外一些名校的经验，同时根据自身的实际情况进行改进和应用，进而提升和丰富大学生的思想。

网络对于高校发展来说不仅是挑战更是机遇。高校在实施网络思想政治教育的过程中可以充分利用网络来了解各种新思想，同时还可以管理这些思想，以打造适合高校思想政治教育工作发展的网络环境，大学校园也就成为社会主义先进文化的主要宣传阵地，大学生网络教育途径也得以拓展，校园文化生活也更加丰富多彩。

第二节 高校思想政治教育面临的挑战

高校思想政治教育工作既是一项很复杂的工作，又是一项具有系统性的工作，一旦改变其中的一个环节，势必会导致整个系统出现问题。高校思想政治教育工作环境在网络的影响下所出现的各种变化与特点，也同样会改变正在进行的思想政治教育工作，并带来新的挑战。

一、海量信息干扰大学生的选择

随着网络的高速发展，各种信息数量剧增的同时，信息污染问题也随之出现，这对高校思想政治教育尤其是价值判断有着极大的影响。网络上的信息没有经过分辨与筛选就大量涌入大学生的视野，虽然大学生的眼界得以拓宽，但是信息泛滥也会给他们带来无所适从的压迫感。在网络信息缺乏有效控制与过滤的情况下，一些包含腐朽

思想的信息极容易被大学生接收，这无疑会给大学生带来极大的消极影响。虽然大学生有一定的辨识能力，但是一些思想觉悟比较低、抵抗能力比较差的大学生依然会受其影响，这些影响可能会造成严重的后果，对高校思想政治教育来说是一个不容忽视的挑战。

二、无国界性带来新的冲击

与日俱增的外来文化对大学生思想造成了强烈的冲击。网络是在全球化背景下形成的，尤其是在一些超越地域、民族、语言、国籍的障碍的前提下，更容易被人们所接受。网络文化的融合，虽然会在一定程度上推动民族进步，但是其负面作用也是不容忽视的。面对这一情况，高校需要采取有效的措施来保护中华民族优秀传统文化，保证我国文化安全，在适应信息社会特征的前提下，开展思想政治教育的改进工作，尤其是针对年轻的"网上一代"的教育工作。

三、网络的快速发展为传统的教育模式带来挑战

网络的快速发展能够提高大学生接受新事物的能力、改变大学生的思维方式及交往方式，也能从根本上影响大学生的认知能力，这对于高校传统思想政治教育模式是一个很大的挑战。

传统的教学模式在向大学生传授知识的过程中仍然存在着时空界限、信息有限，以及教育形式单调等多个弊端，与日新月异的社会脱节。

高校教师讲述的内容知识通常与大学生日常生活中的所见所闻存在很大的出入，同时一些教师不重视大学生的自我体验和对大学生情感方面的调动，他们讲的内容很少能打动大学生。

在网络教育环境中，大学生的主观意识被调动起来，大学生能够自主地进行交流，能够向他人毫无顾忌地表达自己的想法，具有很强的主观能动性及表达能力，能在接受思想政治教师外部灌输的同时，与教师进行平等、双向的互动交流，教育模式也变

得更加民主、更加自由，极大地冲击着传统的教育模式。

第三节　高校思想政治教育路径的优化

高校思想政治教育路径是为了实现高校思想政治教育目标，由思想政治教育主体组织推动的有规划、有组织、有步骤的实践活动中所运用的主要渠道和基本方式。优化高校思想政治教育路径，对高校思想政治教育工作具有积极的意义。

一、高校思想政治理论课课堂教学主渠道的优化

高校思想政治理论课担负着大学生马克思主义理论系统的教育任务，涉及价值观念和意识形态的培养，在大学生思想教育和道德修养等方面具有引领和指导的重要作用。因此，高校若是要上好思想政治理论课，就要深入开展高校思想政治理论课建设体系的创新工作，提高相关教学的吸引力、说服力和感染力。

（一）解决好转化和进入的问题

在了解大学生心理需求的前提下，教师要将思想政治理论课的教材体系转化为以实践逻辑为主要特征的教学体系，贴近实际、贴近生活、贴近学生，提升思想政治教育的亲和力和针对性。马克思主义基本理论作为思想政治理论课的根本指导思想，它的魅力与理论价值是无可替代的。因此，高校思想政治理论课要牢牢抓住思想政治理论课的本质，坚持以马克思主义基本理论为基础，引导大学生的思想和行为，激发大学生的学习兴趣，同时不断增强教学的吸引力和感染力。

面对当今思想活跃、主体意识强烈的大学生，思想政治理论课只有将说理和解惑有机统一起来，才能解答大学生的问题，从而使思想政治理论课的内容和方法深入大

学生心中，使大学生对国家的发展道路有正确的认识。

高校思想政治理论课主渠道的坚守，要紧紧抓住教师环节。采取形式多样的方法，将思想政治课教师集中起来进行集体研讨；定期组织思想政治课教师进行集中培训，相互之间交流先进经验，为思想政治课教学活动的开展提供理论指导；通过集体备课的方式对一些重要问题、重要理论成果予以深化。

（二）创新思想政治理论课的教学方法

互联网为高校思想政治教育的发展提供了源源不断的养料，却不能改变其本质。"互联网＋思想政治教育"的主体仍然是"教育"，是运用互联网的教育思维和方式去进行的教育。

向大学生灌输思想无疑是思想政治理论课教学中最根本、最直接的一种方法。在教学活动中，教师将马克思主义中国化最新理论成果等思想政治教育内容直接传授给大学生，促使其通过学习、实践，提高政治意识和思想觉悟。但是，在灌输的同时，教师必须注意到思想政治理论课最终的教学目标，要特别强调思想性和价值性，突出思想指引和价值引导，促使大学生接受、认可知识所包含的内在价值，塑造自我的价值观，促使大学生养成正确的政治价值观念和高尚的伦理道德情操。

随着网络的快速发展，大学生的网络化程度越来越高，他们不断尝试对各种信息进行内部重构的自我认知，自觉提高自己的政治意识和思想觉悟。与此同时，互联网的开放性消融了传统课堂的封闭性，让思想政治理论课教学始终处于开放、动态的生成状态中。

在思想政治理论课课堂上，师生互动的方式有很多，比如，开展课堂研讨式教学。课堂研讨式教学，即在教师创设的问题情境中，以解决问题为中心，师生协作，通过查找资料、研究、讨论、实践及探索，提出解决问题的方法，使大学生在掌握知识的同时，提高解决问题的能力。

（三）构建思想政治理论课的互联网话语体系

在新时期，根据现实环境的变化构建思想政治理论课的互联网话语体系，将理论术语与现实生活话语尤其是网络话语进行有机结合，用网络话语表达理论术语，便于大学生理解和接受。同时，面对知识的快速更新，思想政治教师需要拥有更高的理论素养，扩充思想政治理论课话语范畴和内涵，从而提高大学生的学习热情和学习实效性，使大学生变被动学习为主动学习。

（四）处理好思想政治理论课和专业课之间的关系

高校的所有课程都有着育人的功能，高校各类专业课只有打破在思想政治教育中的"孤岛"现象，与思想政治理论课相融合，才能更好地提高大学生群体对思想政治教育的认同度。与此同时，思想政治理论课教师和专业课教师要通过合作，共同研究两类课程结合的教育内容与教育方法，在实践中引导大学生树立正确的政治信仰，形成高校思想政治教育队伍的合力，从而实现思想政治理论课和其他各门课程的协同效应。

二、日常思想政治教育主阵地的拓展

高校思想政治教育是一项复杂的系统工程，思想政治理论课作为育人的主渠道，是高校思想政治教育的重要环节，但仅靠这一环节很难取得良好的教育效果，还要充分利用日常思想政治教育"主阵地"，让主渠道和主阵地有机结合、有效互动、相互支撑、相辅相成，最终形成理论教育和实践教育一体化的全过程教育，促使高校思想政治教育整体、有效地开展。

（一）构建校内一体化教育格局

作为大学生学习和生活的重要场所，高校也是日常思想政治教育的主阵地。而高校日常思想政治教育主要以党团组织、社团活动、班级建设、校园文化等为载体，通过对大学生各方面的教育管理服务，熏陶和引导大学生的思想政治意识和道德修养。

高校需要构建一体化的工作机制，将课上与课下、课内与课外有机衔接起来，形成马克思主义理论教育工作和日常思想政治工作合力育人的态势，推进大学生思想政治教育的实效性。

第一，高校要有效地促进各部门相互之间的协同合作，共同开展调研，搭建大学生数据库，共同开展科学研究。

第二，要加强大学生组织间的建设，对大学生进行日常思想政治教育。同时，要善于用寓教于乐的方式开展各种校园文化活动，既可以满足大学生的需求，又可以鼓励大学生对各类活动的开展建言献策，不断丰富日常思想政治教育的形式。

第三，高校可以结合重大节庆、民族传统节日及开学典礼、毕业典礼等，建立和规范必要的礼仪制度，在思想、情感和行为上熏陶和引导大学生，增强他们对社会主义核心价值观的认同感和归属感。

（二）依托校园优质文化资源，推进以文育人进程

高校是文化传承和创新的重要载体与发源地，凝聚了丰厚的文化资源。因此，高校要充分利用这些文化资源，净化文化环境，推进以文育人、以德育人进程，让校园成为日常思想政治教育工作开展的沃土。高校思想政治教育是离不开优秀传统文化的，否则就是缺乏文化根基和实践精神的教育。

高校思想政治教育必须站在全球化视角来审视当前的多元文化与中华优秀传统文化，有鉴别地对待传统文化，用中华民族宝贵的精神财富来化人、育人，只有这样，才能增强大学生的文化自觉和文化自信。

三、推进思想政治教育实践育人，促进知行统一

高校思想政治教育主要承担着对大学生进行理想信念教育、爱国主义教育、道德法治教育和全面发展教育的任务，引导大学生积极弘扬和践行社会主义核心价值观，是一项实践性很强的教育工作。但当前高校思想政治教育存在重理论、轻实践的问题，因此高校要大力拓展实践育人的渠道，改变实践育人的方式方法，加强实践育人的力度，切实提高思想政治教育的质量和实效性。

由于高校思想政治教育过于依赖思想政治理论课教学，思想政治理论课教师精力有限，无法很好地在课堂上满足不同大学生的个性化学习需求，很容易挫伤大学生对思想政治课程的学习积极性，导致很多大学生只将思想政治理论课单纯作为一门课程

应付，拿到学分即可，不注重对其要求的价值观念、政治观点、道德规范的践行。

目前，互联网快速发展，在此背景下，高校思想政治教育可以充分发挥互联网的优势，进行教学形式的更新，进一步提高高校思想政治教育活动的针对性、有效性，从而满足大学生对思想政治实践与学习的多样化需求。

（一）注重课堂教学融入实践环节

思想政治理论课课堂是理论教学的主要阵地，若是能融入一定的实践环节，实际教学就会达到事半功倍的效果。在思想政治理论课实施的过程中，教师要有目的、有计划地传递教育内容，引导大学生提高自身的思想情感、道德品质和政治信念；大学生则要保持积极的、良好的心理状态，将其接受的思想政治教育内容内化为自己的品德和行为。为此，在高校思想政治理论课上，教师要结合课堂教学开展实践活动，并根据大学生的实践情况，鼓励其在课堂分享实践感受，更好地推动其内在的知、情、意、行活动，促进大学生实现对教师讲授的理论知识的内化，使其学习不断深入。

（二）注重思想政治理论课与专业课实践教学的结合

课外实践教学是理论与实践相结合的过程，更是巩固大学生课堂教学内容的重要环节。高校思想政治教育要从思想道德和专业实践相结合的层面引导大学生深入社会、了解社会和服务社会，增强大学生的实践能力，培养其高尚的品格。一方面，高校思想政治理论课要在各种志愿者活动中，加强与专业课的结合，让课堂教学内容在各类实践活动中实现融合与深化。另一方面，高校思想政治理论课要和专业课程联系在一起，建立校外实践基地，在彼此的协同下设计出实践教学方案，对大学生的专业素质、政治思想、道德素质进行考核，进一步加强思想政治教育的实践育人作用。

（三）注重拓展实践基地，丰富校外社会实践活动

高校思想政治教育在学校的各项活动中都要彰显其实践性，同时也要注重完善和推进大学生校外社会实践的路径建设。高校要让大学生从校园走向社会，在实践中自我肯定、自我教育、自我发展，了解社会现实，在长期奋斗与实践中树立正确的人生方向。为此，高校需要努力提升大学生校外实践的效果，具体表现如下：

第一，高校要将思想政治教育社会实践作为必要的教育环节和教育内容。

第二，高校要大力拓展实践教学基地，达到辐射示范的良好效果。

第三，高校要完善大学生社会实践形式，从现有的实践活动的实际条件出发，利用校外资源设计具体的实践活动形式，努力做到物尽其用。

（四）注重拓展互联网实践教育渠道

互联网有利于高校思想政治教育的发展，如带来了丰富的教育资源、开辟了新的教育阵地、创新了教育教学方式方法。但互联网也为高校思想政治教育带来了不利影响，如互联网虚拟世界减少了学生与教师、学生与学生面对面交流的机会，对线下思想政治教育工作产生了一定的影响。因此，高校思想政治教师要做到和大学生进行面对面、点对点的沟通与交流，对互联网生活、互联网话语进行深入了解，积极参与互联网交流活动，占领"互联网＋教育"主阵地。通过互联网，教师能捕捉到大学生的心理、思想及行为动态，促使大学生在自我教育中进步，在自我服务中成长。

第三章 高校思想政治教育育人体系研究

"为谁培养人"是"育人"的方向问题，"培养什么人"是"育人"的根本目标，"怎样培养人"则是落实"育人"目标的重要途径。2018 年 5 月，教育部办公厅发布的《关于开展"三全育人"综合改革试点工作的通知》，要求各地分类型开展"三全育人"综合改革试点工作，从宏观、中观、微观三个层面，着力构建一体化育人体系。这一举措确立了全员、全过程、全方位的"大思政"育人理念和格局，为新时代"怎样培养人"提供了基本依据、价值导向和规范要求。

第一节 "大思政"格局下的全员育人

"大思政"工作格局是对多种具有思想政治教育功能的因素通过特定的活动或联系机制所形成的合力体系的整体形态描述，即遵循思想政治教育规律和大学生成长规律，运用一切可用资源，发挥一切能用力量，对大学生进行思想政治教育。其中，教师是"大思政"格局中的关键因素。从学生角度来看，个体品德形成和人格完善受其所处人际关系和社会环境的影响，其思想与心理发展的内在规律也决定了"全员"是育人的主体支持系统和关键要素。

一、高校育人

（一）高校育人的优势及要求

以培养人才为己任的高校教育可以说古已有之。我国西周的辟雍、汉代以后的太学，以及后来的国子学等，都属于大学性质的高等教育学府。这些学府的教育宗旨是"学大艺焉，履大节焉"。"学大艺"就是学习广博的知识，"履大节"就是培养高尚的道德。汉代郑玄指出："大学者，以其记博学可以为政也。""为政"就是做大事。由此可见，我国古代社会大学是教育学生学知识、学做人、学做事的重要场所。

中华人民共和国成立后，大学一直是社会进步和经济发展的重要引擎。1952 年，在学习借鉴国外办学经验的基础上，我国教育部对全国高校院系、学科进行了调整，突出理工学科，强化应用学科，形成了高等教育系统的基本格局。1977 年，高等学校招生统一考试制度的恢复拉开了高等教育振兴发展的帷幕。改革开放以来，在"科教兴国"战略推动下，我国高等教育事业取得了快速发展，形成了适应国民经济建设和社会发展需要的多种层次、多种形式、学科门类基本齐全的社会主义高等教育体系，为社会主义现代化建设培养了大批高级专门人才，在国家经济建设、科技进步和社会发展等方面发挥了重要作用。

习近平总书记在 2016 年的全国高校思想政治工作会议上指出："高等教育发展水平是一个国家发展水平和发展潜力的重要标志""我国高等教育发展方向要同我国发展的现实目标和未来方向紧密联系在一起，为人民服务，为中国共产党治国理政服务，为巩固和发展中国特色社会主义制度服务，为改革开放和社会主义现代化建设服务"。2021 年，习近平总书记考察清华大学时再次强调："今年是中国共产党成立100 周年，我国开启了全面建设社会主义现代化国家新征程。党和国家事业发展对高等教育的需要，对科学知识和优秀人才的需要，比以往任何时候都更为迫切。我们要建设的世界一流大学是中国特色社会主义的一流大学，我国社会主义教育就是要培养德智体美劳全面发展的社会主义建设者和接班人。我国高等教育要立足中华民族伟大复兴战略全局和世界百年未有之大变局，心怀'国之大者'，把握大势，敢于担当，善于作为，为服务国家富强、民族复兴、人民幸福贡献力量。"由此可见，高校育人的重要地位无可替代。

（二）高校育人的主体

高校"三全育人"体系是依据高校的三大岗位（专业技术岗位、管理岗位和工勤技能岗位）形成的教书育人、管理育人和服务育人三大教育体系，可以算作"大思政"格局的基础。习近平总书记在 2016 年的全国高校思想政治工作会议上指出："各级党委要把高校思想政治工作摆在重要位置，加强领导和指导，形成党委统一领导、各部门各方面齐抓共管的工作格局。"高校"大思政"格局涉及教学、科研、管理、服务等多个环节，涵盖高校育人的各类主体，既包括思想政治教师、专业教师、辅导员、班主任等直接与大学生联系的育人主体，也包括党政管理干部、科研和管理服务人员、后勤服务人员等全员育人共同体，全体教职员工之间紧密配合，共同承担思想政治育人任务。

1.一线教师是第一主体

一线教师是对大学生进行思想政治教育的第一主体。

第一，思想政治课教师是关键。习近平总书记在 2019 年的学校思想政治理论课教师座谈会上强调，"思想政治理论课是落实立德树人根本任务的关键课程""思政课作用不可替代，思政课教师队伍责任重大""思政课教师，要给学生心灵埋下真善美的种子，引导学生扣好人生第一粒扣子"。

第二，专业课教师是主力。每门课程都蕴含着思想政治元素，高校要通过建立和完善全方位、多层次教师培训与发展体系，引导专业课教师以立德树人为目标，树立知识传授与价值引领协同共进的教学理念。专业课教师要把思想引领和价值观塑造融入每一门课程的教学之中，深入挖掘课程的思想政治元素，实现教书和育人的深度融合，成为培养大学生思想品德的人生导师。

第三，教师身正为范。无论是思想政治课教师还是专业课教师，其思想政治状况都具有很强的示范性，都要坚持教师先受教育，努力成为先进思想文化的传播者、党执政的坚定支持者，更好地承担起大学生健康成长的指导者和引路人的责任。为此，高校教师要坚持教书和育人相统一，坚持言传和身教相统一，坚持潜心问道与关注社会相统一。

2.辅导员班主任是骨干力量

高校辅导员班主任是思想政治教育工作的骨干力量。21世纪以来,党和国家更加重视思想政治教育工作。2005年,《教育部关于加强高等学校辅导员班主任队伍建设的意见》(下文简称《意见》)明确提出:"辅导员、班主任是高等学校教师队伍的重要组成部分,是高等学校从事思想政治教育工作,开展大学生思想政治教育的骨干力量,是大学生健康成长的指导者和引路人""要从战略和全局的高度,充分认识新形势下加强辅导员、班主任队伍建设的特殊重要性和紧迫性"。《意见》对高校辅导员班主任的配备、培养培训及发展政策保障等方面都提出了具体要求。2017年,中华人民共和国教育部第43号令《普通高等学校辅导员队伍建设规定》明确指出:"辅导员是开展大学生思想政治教育的骨干力量,是高等学校学生日常思想政治教育和管理工作的组织者、实施者、指导者。"《普通高等学校辅导员队伍建设规定》界定了辅导员的九项工作职责,第一项职责就是思想理论教育和价值引领,要求辅导员帮助大学生不断坚定中国特色社会主义道路自信、理论自信、制度自信、文化自信,牢固树立正确的世界观、人生观、价值观,掌握大学生思想行为特点及思想政治状况,有针对性地帮助大学生处理好思想认识、价值取向、学习生活、择业交友等方面的具体问题。

从职业定位角度来看,辅导员既是大学生成长成才的人生导师,又是大学生健康生活的知心朋友。这一双重角色要求辅导员不断提高本领。

首先,辅导员若要成为大学生的人生导师,就要不断提升自我。"其身正,不令而行;其身不正,虽令不从。"要当好大学生的人生导师,辅导员必须自觉践行社会主义核心价值观,做大学生锤炼品格的引路人,做大学生学习知识的引路人,做大学生创新思维的引路人,做大学生奉献祖国的引路人。

其次,辅导员要成为大学生的知心朋友。大学生尚未步入社会,阅历有限,思想和心智尚不成熟,单一的说服教育不能满足思想政治教育与价值引领的需要。辅导员作为一线管理人员,与其他教育主体相比,具有与大学生接触最早、相处最长、了解最深的教育优势。因此,辅导员要学习和掌握教育学、心理学知识,与大学生平等对话、深入交流,全面快速掌握大学生的心理变化和需求,引导大学生顺利平稳地度过大学生活,在完成岗位工作的过程中,成为大学生的良师益友。

3.其他人员是保障力量

"大思政"格局下的全员育人意味着除高校的一线教师、辅导员之外的其他岗位人员都可以成为高校思想政治教育工作不可或缺的力量。从事科研活动的广大教师和高校科研管理人员承担着科研育人的职责;学校后勤部门、图书馆及校医院部门承担着服务育人的职责;党政干部及职能部门承担着组织育人的职责。各部门、各组织要构建资源共享、优势互补、责任分担、科学组织的协同育人体系,充分发挥不同类别组织的育人功能,达到育人目标,提高育人成效,促进师生共同发展。

总之,高校要构建全员育人共同体,形成党委统筹领导的全员育人机制,党政管理干部、思想政治教师、专业教师、辅导员班主任等全体教职员工之间就要加强联系,紧密配合,共同承担"立德树人"的育人职责。

二、家庭育人

家庭是国家发展、民族进步、社会和谐的重要基石,千家万户都好,国家才能好。家庭育人是育人的基础。习近平总书记非常重视家庭育人的重要功能,多次强调家庭教育对青年成长成才的重要意义。

(一)家庭是人生第一所学校

中华民族历来重视家庭教育对人的影响。比如,诸葛亮诫子格言、颜氏家训、朱子家训等,都在倡导家庭教育的重要性。教育是一个人社会化的重要途径和过程,真正的教育是家庭、学校和社会共同的责任。特别是家庭教育,发于童蒙、启于稚幼,是从孩子无意识时便影响其品性养成的,个体终身都受到原生家庭根深蒂固的影响。家庭教育对人的一生有着至关重要的影响。如果把个体比作一棵树,家庭教育就是培根育苗的土壤,培养孩子的健全人格和生活能力。

(二)父母是家庭教育的主体

古人云,"养不教,父之过"。家庭是人生的第一课堂,父母是孩子的第一任老师,更是终身老师,承担着家庭教育的主要责任。父母要重言传、重身教,教知识、育品德，身体力行，帮助孩子扣好人生的第一粒扣子，迈好人生的第一个台阶。父母要时时处处给孩子做榜样，用正确行动、正确思想、正确教育引导孩子；要善于从点滴小事中教会孩子欣赏真善美、远离假恶丑；要注意观察孩子的思想动态和行为变化，随时做好教育引导工作。父母应该成为孩子的榜样。

（三）品德是家庭教育的核心

1.崇德向善

在家庭教育中培养孩子崇德向善的美德就是要亲近真善美，抵制假恶丑，体会道德的愉悦，追求高尚的快乐。通过崇德向善，真正把外在的社会道德规范内化为心悦诚服的自律准则，培养孩子对他人、集体的关心关爱，增强社会责任感、国家认同感、民族归属感、时代使命感，在与祖国同呼吸、与民族同步伐、与人民心连心的高尚情怀中，陶冶道德情操。

2.兴家强国

2016 年，习近平总书记在会见第一届全国文明家庭代表时强调："历史和现实告诉我们，家庭的前途命运同国家和民族的前途命运紧密相连。我们要认识到，千家万户都好，国家才能好，民族才能好。国家富强，民族复兴，人民幸福，不是抽象的，最终要体现在千千万万个家庭都幸福美满上，体现在亿万人民生活不断改善上。同时，我们还要认识到，国家好，民族好，家庭才能好。"

3.爱党爱民

千千万万个家庭是国家发展、民族进步、社会和谐的重要基点，是每个人梦想起航的地方。大学生要继承和弘扬优良家风，促进家庭和谐，积极参与家庭文明建设，推动形成爱国爱家、相亲相爱、向上向善、共建共享的社会主义家庭文明新风尚。高校要高度重视家校共育对于大学生思想政治教育的重要性，定期召开家长座谈会，在网络上建立"辅导员—家长—学生"三方联动机制，以实现家校共育，促进大学生成长成才。

三、社会育人

（一）社会育人的传承和发展

马克思主义认为，教育是一种人类特有的社会活动，不仅需要家庭、学校，也需要社会营造良好的育人环境，从而形成综合合力，培养德智体美劳全面发展的人才。教育史上最早的教育职能就是通过社会教育实现的。在原始社会，家庭尚未形成之前，年青一代由氏族公社的成员言传身教，或由有经验的年长者传授一些简单的生产和生活经验。随着家庭及家庭教育的出现，直至学校教育产生，广义的社会教育开始逐步分化为三种独立的教育形态，即学校教育、家庭教育和狭义的社会教育。

原始社会，我国有巢氏教民穴处巢居，燧人氏教民钻木取火，伏羲氏教民渔猎，神农氏教民稼穑。战国时代的《周礼·地官》记载了"聚民读法"的规定，由大司徒、州长、党正等官员于每年正月、七月、十一月的初一日，集合所辖人民，诵读邦法，进行政治教育；在春秋社祭日，行饮酒乡射之礼，尊敬长老，表彰有德，以进行道德教育；还以"六德"（知、仁、圣、义、中、和）、"六行"（孝、友、睦、姻、妊、恤）和"六艺"（礼、乐、射、御、书、数）教育人民。宋明时期的"乡约制度"，明清时期的"圣训六谕""圣谕十六训"等，均属社会教育。

（二）社会育人的新时代接力

社会教育与学校教育相比，更具有独立性、深刻性、丰富性和形象性等特征。

第一，社会教育以社会为背景，在教育时间和空间上具有灵活性，可以满足个体在不同时间段继续学习的需求。

第二，社会教育形式更多样，内容更丰富，实践更全面。

第三，社会教育更有利于人的社会化。教育是个体社会化的重要途径，社会教育力量可促使大学生积极参加社会活动，能将分散的、自发的社会影响纳入正轨，促进个体的社会化。

良好的社会教育有利于对大学生进行思想品德教育，增长知识，发展能力，培养兴趣爱好，丰富精神生活，促进德智体美劳全面发展。社会育人的成效主要依靠国家法律法规的建设程度和社会教育的氛围形成。良好的社会教育需要政府加强管理和监督，使其更好地补充学校教育。

社会育人平台需要全社会共同营造和建设。2019 年，习近平总书记在考察甘肃读者出版集团有限公司时指出："要提倡多读书，建设书香社会，不断提升人民思想境界、增强人民精神力量，中华民族的精神世界就能更加厚重深邃。为人民提供更多优秀精神文化产品，善莫大焉。"社会育人机构包括文化馆（宫）、少年宫、图书馆、博物馆、纪念馆、电影院、剧院、广播电台、电视台等。这些机构都要以立德树人为核心，生产、传播优秀文化，发挥社会育人的优势，引导青年学子成长成才。

模范人物、企业和政府提供的优质资源都是高校"大思政"教育的强大助力。高校要充分利用丰富的社会资源，搭建丰富多样的社会育人平台，通过组织先进事迹报告会，邀请社会先进模范人物、优秀社会团体进校园、进课堂，以先进事迹、模范人物感召和引领大学生；充分挖掘社会热点新闻事件中蕴含的思想政治元素，与大学生思想政治教育工作相结合，引导大学生展开深度讨论，坚定理想信念，强化以爱国主义为核心的民族精神，不断弘扬社会主义核心价值观，实现新时代育人目标。

第二节 "大思政"格局下的全过程育人

"大思政"格局下的全过程育人就是高校根据大学生成长的规律，在不同年级、不同空间、不同时间让思想政治教育贯穿大学生学习和生活的始终。从横向上看，全过程育人是在空间上整合所有的思想政治教育资源，让思想政治教育贯穿高校教育教学各环节的全过程，把思想政治理论教育与日常思想政治教育结合在一起，把思想政治课与各类专业课结合在一起，把理论教育和实践教育结合在一起，形成课内课外结合、网上网下结合、校内校外教育结合的立体化教育和复合化教育的育人大格局。从纵向上看，全过程育人是以大学生成长发展的规律为依据，根据大学生的成长规律，对不同阶段的大学生进行不同的教育，发挥思想政治教育在不同阶段的育人功能，在时间上实现阶段性与持续性的统一。

一、思想政治教育贯穿教育各环节

高校具有集中式、系统化、持续性进行思想政治教育的独特优势。因此，高校要把立德树人作为教育工作的主线，融入思想道德教育、文化知识教育、社会实践教育各环节，贯穿基础教育、职业教育、高等教育各领域。只有让学科体系、教学体系、教材体系、管理体系都围绕这个目标来设计，教师围绕这个目标来教，大学生围绕这个目标来学，才能聚焦聚力、取得实效，为人才培养筑牢更高水平、更加科学的制度基础。

（一）思想政治教育立足第一课堂

课堂是大学生获取专业知识和技能，形成正确的情感、态度和价值观的主要途径。

高校思想政治教育要贯穿育人全过程，贯穿一线课堂，推动思想政治教育与专业教育、通识教育、创新创业教育有机结合。立德树人这一目标要贯穿高校课堂教学全过程，构建思想政治课程与课程思想政治协同前行、相得益彰的育人格局。

教师的育德意识和育德能力是构建课程思想政治的首要保障。因此，高校在开展高素质、专业化思想政治课教师队伍建设的同时，也要提高专业课教师的思想政治教育水平。通过建立和完善全方位、多层次教师培训与发展体系，引导专业课教师以立德树人为目标，树立知识传授与价值引领协同共进的教学理念，把教书和育人结合起来，既要做具备专业知识的教书匠，也要成为培养大学生思想品德的人生导师。在教学中，教师要秉持"课程承载思政"和"思政寓于课程"的理念，优化课程设置，让思想政治内容贯穿各类专业教育课程和通识教育课程，根据不同专业的课程特色，深入挖掘课程思想政治元素，以润物无声的形式将理想信念、正确的价值观传授给大学生，使课堂教学的过程成为引导大学生学习知识、锤炼心志、涵养品行的过程，实现育人效果最大化，实现教书和育人的深度融合。

（二）思想政治教育融入第二课堂

第二课堂是区别于第一课堂学习，从课外的学习、活动、实践中获取知识和技能，从而实现大学生综合素质全面提高的一种成才成长方式。社会实践、社会活动及校内的各类学生社团都是大学生的第二课堂。

高校要把思想政治教育融入主题教育、社会实践、志愿服务、校园文化建设等活动，推动思想政治教育与社会主义核心价值观教育的有机结合。高校要结合大学生的成长需求，着力打造一批品牌主题教育、志愿实践和校园文化活动，助力大学生全面发展、成长成才。

第二课堂要走出学校，投身到社会大舞台，充分利用大学生的寒暑假和实习期，在校外、家庭、实习单位等场所开展实践教学，延伸立德育人的时间和空间。这不仅实现了教学场所的多样化，还可以充分利用不同场所的教学资源，更好地发挥育人合力，实现大学生道德品质教育与家庭教育、社会教育、岗位技能训练的有机融合。

（三）思想政治教育占领网络课堂

互联网的普及给高校思想政治教育带来了新的机遇与挑战。互联网突破了课堂和高校的传统边界，对大学生的影响越来越大。年轻人几乎"无人不网、无日不网、无处不网"，意识形态领域中的新情况、新问题也往往随之而生、随之而增，许多错误思潮也都以网络为温床而发酵。伴随着互联网成长的大学生被数量庞大、种类繁多的网络信息所包围，正能量的社会信息容易被掩盖在浩如烟海的网络信息之中。这就需要大学生提高明辨是非的能力，正确判断是非曲直，更需要科学正确的主导意识来引领。通过网络思想政治课堂引领大学生树立正确的价值观是新时代思想政治教育的重要举措。高校要立足网络课堂，遵循思想政治教育和互联网的双重规律，推动思想政治教育与互联网的有机结合。拓展网络思想政治空间，增强网络思想政治的实效。

高校思想政治教育实现横向全过程育人就是要立足大学生的成长成才需求，打通三类课程，系统设计第一课堂、第二课堂和网络课堂，实现三个"课堂"无缝对接、相互渗透，形成"课课有思想政治、师师共育人"的"大思政"格局。

二、思想政治教育贯穿个体成长各阶段

思想政治教育既是大学生入学的第一课，也是大学生离校前的最后一课，必须贯穿大学生学习始终，贯穿高校工作各方面、各环节，使高校真正成为化育为人的天地，而不仅仅是教授技能、发放文凭的场所。思想政治教育不仅是高校立德树人的核心，也是各级各类学校育人的根本目标。无论时代如何变迁，思想政治教育始终是各级各类学校的灵魂所在。

（一）统筹大中小学思想政治课一体化

2019 年，在学校思想政治理论课教师座谈会上，习近平总书记指出："在大中小学循序渐进、螺旋上升地开设思想政治理论课非常必要，是培养一代又一代社会主义建设者和接班人的重要保障。"思想政治教育必须贯穿从儿童到少年，再到青年的整个过程。各级学校开展的思想政治教育工作的侧重点不同，基础教育阶段的思想政治课是独立的课程，涉及的知识领域要与主体成长阶段相适应，要引导学生从做好小事、管好小节起步，踏实修好品德，成为有大爱、大德、大情怀的人；高等教育阶段的思想政治课是不同学科构成的大学科群，强调在授业解惑过程中引人以大道、启人以大智，使学生成为国家栋梁之材。各级教育的终极目标都是培养国家和社会所需要的符合社会道德标准的人才。

长期以来，思想政治教育存在学段间、课程间内容过度重复，学段间衔接性不高，大中小学教师"各管一段""背靠背"教学的情况，从而导致思想政治课教学不能深入学生内心，其学习效果也不理想。解决这一问题的关键就是统筹推进大中小学思想政治课一体化建设，使得各学段思想政治教育既要"守好一段渠，种好责任田"，又要树立起整体性思维，接力培养、上下贯通，从而形成合力。

1.大中小学思想政治课一体化的内涵十分丰富

从全程贯通角度来看，思想政治课一体化包含德智体美劳五个方面，是全员、全过程、全方位育人格局的整体构建；从学段贯通角度来看，从小学到大学，各学段思想政治教育要从课程目标、教材体系、课程内容、课程体系等要素上找到同一方向的

合力，统一规划，搭建好思想政治课螺旋上升阶梯；从课程贯通角度来看，思想政治课一体化建设内含"课程思政"的育人要求，必须充分挖掘各类课程思想政治教育资源，推动各类课程与思想政治课程形成协同效应，构建不同学段"协同作战"的思想政治课程教育体系。

2.大中小学思想政治课一体化建设理念基于科学的理论逻辑

人的认识过程是在实践中循序渐进、螺旋式上升的过程，"一体化"思想政治教育理念遵循了人的认识发展规律，创新了思想政治教育理念。

第一，整体化教育理念的创新。把学生当作一个完整的人来看待，把学生的一生当作一个整体来尊重，把人的自由全面发展当作教育的目标来追求。

第二，系统化教育理念的创新。大中小学思想政治课一体化建设要求对于学生的不同成长阶段，要联系地、变化地、可持续地进行观察，根据不同阶段的形势要求，结合家庭、社会环境等影响因素统筹考虑。

第三，一体化教育理念的创新。这一理念比传统教育观念更加强调因材施教、分类施教，在分层、分类施教的基础上更加强调统一性、贯穿性和内在的整合性。

3.大中小学思想政治课一体化理念具有鲜明的实践指向

大中小学思政课一体化建设要处理好"全程贯穿"与"学段差异"的关系。"全程贯穿"不仅要求把立德树人目标贯穿思想政治教育始终，还要求与各阶段教育内容纵向衔接。"学段差异"要求根据不同年级学生成长规律，在形态设置和内容结构上按照由低到高、由浅入深、螺旋上升来设计思想政治课。比如，中国近现代历史在小学主要以故事展开，在中学强调史实，在大学要引导大学生树立正确的历史观。

4.大中小学思想政治课一体化理念具有高阶的教育价值

大中小学各学段在结构上应包括知识体系的交叉、学习资源的整合及学习方式的创新，是从单纯的学科知识导向到基于核心素养导向的变化。一方面，一体化教育理念目标是要促进学生形成更高阶的认知水平和能力。另一方面，一体化教育理念给学生创建了更高的学习平台和更大的学习空间，帮助学生丰富实践经验，提高知识应用能力和有效解决问题的能力，最终达到情感的深入及思想的提升。在一体化建设中，教师和学生都是学习者，双方在信任、合作、鼓励、宽容的环境中共同学习成长。

总之，大中小学思想政治课一体化理念具有丰富的价值内涵、科学的逻辑思路、鲜明的实践指向和高阶的教育价值。构建大中小学思想政治教育一体化模式，既是以学生成长发展的规律为依据，实现纵向全过程育人的举措，也是中共中央深化新时代学校思想政治理论课改革创新的战略部署，更是立德树人根本任务取得实效的根本保证。各级各类学校要积极构建横向协同、纵向衔接的大中小学思想政治课一体化建设体系，推动思想政治课建设内涵式发展，让每个学段都有"责任田"，都有"一段渠"，努力为学生成长打好底色，为培养一代又一代社会主义建设者和接班人夯实基础。

（二）推进高校思想政治课一体化

2019 年，在学校思想政治理论课教师座谈会上，习近平总书记强调："青少年阶段是人生的'拔节孕穗期'，最需要精心引导和栽培。"高校推进思想政治课一体化建设，是新时代培养合格接班人的迫切要求。高校推进思想政治课一体化，就是要以目标为导向，以大学生为中心，以问题为突破，以成果为标准，发挥主渠道作用，夯实大学生思想基础。

1.以目标为导向，注重结构布局优化协调

从中国特色社会主义教育是知识体系教育同思想政治教育的结合这一基本认识出发，科学认识和把握思想政治工作的定位，统筹育人资源和育人力量，推动知识传授、能力培养与理想信念、价值理念、道德观念教育的有机结合。

2.以大学生为中心，注重资源有效集合配置

以一切为了大学生成长为出发点，将思想政治工作融入办学治校全过程，落实到教职工岗位职责规范上，推动"思政课程"与"课程思政"同向同行，把思想政治教育贯穿于大学生成长的各个阶段，让大学生在不同成长阶段的思想政治教育"不缺席"、思想政治学习"不掉队"，让思想政治教育成为大学生成长成才的丰富养料，滋养大学生的心灵。

3.以问题为突破，提升思想政治教育的实效性

聚焦高校思想政治工作中存在的不足，深刻分析短板弱项，把思想政治工作不平衡、不充分等问题作为改革抓手，充分发掘和运用各学科专业蕴含的思想政治教育资

源，实现优质教学资源的共建共享。

4.以成果为标准，探索人才培养创新模式

高校要提高思想政治理论课的质量和水平，就要注重优化高校思想政治课教师队伍的体系建设、能力建设和效能建设，注重培养高素质人才从事马克思主义理论研究和教育教学，积极探索教师队伍与日常思想政治教育工作队伍深度融合的工作机制，切实改革思想政治课教师评价机制，加大思想政治课教师激励力度，提升思想政治课教师队伍整体能力和水平，使高校思想政治教育工作更好地适应和满足大学生成长诉求、时代发展要求、社会进步需求。

全过程育人着眼于个体成长的全过程，强调教育为大学生个体成长服务，体现了以人为本的教育理念。高校要仔细研究大学生成长成才规律，根据大学生不同阶段的特点进行针对性教育，发挥思想政治理论课教育主阵地的作用，把各项工作的出发点和落脚点落在育人实效上。

第三节 "大思政"格局下的全方位育人

"大思政"格局下的全方位育人和全过程育人是紧密联系的，全方位育人是运用各种教育载体，开展具有不同特色的活动，将有形教育与无形教育相结合，把思想政治教育渗透到大学生的学习、科研、生活等方方面面，帮助大学生形成健康的人格、美好的品质、坚定的理想和高尚的情操。

2017年12月，中共教育部党组印发的《高校思想政治工作质量提升工程实施纲要》（下文简称《实施纲要》）指出："充分发挥课程、科研、实践、文化、网络、心理、管理、服务、资助、组织等方面工作的育人功能，挖掘育人要素，完善育人机制，优化评价激励，强化实施保障，切实构建'十大'育人体系。"《实施纲要》强调构建以思想政治理论课为主体的，包括各学科在内的课堂教学主渠道，以日常思想政治教育为主阵地，形成全方位育人体系，使思想政治教育无处不在、无时不有。

一、全面凸显课程育人

思想政治理论课是立德铸魂的关键课，是"引人以大道、启人以大智、育人以大德"的人生大课，既肩负着传道、授业、解惑的教育使命，又肩负着维护国家意识形态安全、培养社会主义建设者和接班人的政治使命。思想政治课是一门综合性课程，涉及内容广泛，涉及马克思主义哲学、政治经济学、科学社会主义，涉及经济、政治、文化、社会、生态文明和党的建设，涉及改革发展稳定、内政外交国防、治党治国治军，涉及党史、新中国史、改革开放史、社会主义发展史，涉及世界史、国际共运史，涉及世情、国情、党情、民情，等等。

思想政治课是教学内容不断更新的课程。国内外形势、党和国家工作任务发展变化较快，思想政治课教学内容要跟上时代，只有不断备课、常讲常新，才能取得较好的教学效果。

思想政治课是教学内容复杂的课程。在思想政治课上，大学生可能会提一些尖锐敏感的问题，往往涉及深层次理论和实践问题，把这些问题讲清楚、讲透彻并不容易。思想政治课的重要性、综合性、复杂性等特点，决定了思想政治课的教学要求要高于其他课。因此，思想政治课教师要具有贯通中外古今的大视野，做到理论联系实际，讲好思想政治课，使思想政治课成为大学生真心喜爱、终身受益、毕生难忘的课程。

专业课也同样具有立德树人的重要作用。加强课程思想政治建设，发挥课程的思想政治作用是守好一段渠、种好责任田，使各类课程与思想政治课同向同行、形成协同效应的重要举措，也是德育与智育相统一、实现立德树人的根本要求。高校要推动以"课程思政"为目标的课堂教学改革，研究"课程思政"的内容与方法，进一步推进思想政治课在人才培养中的全覆盖，发挥专业教师课程育人的主体作用，将课程育人作为教师思想政治工作的重要环节。

二、扎实推动实践育人

《实施纲要》提出："坚持理论教育与实践养成相结合，整合各类实践资源，强化项目管理，丰富实践内容，创新实践形式，拓展实践平台，完善支持机制，教育引导师生在亲身参与中增强实践能力、树立家国情怀。"

高校要加强实践育人总体规划，整合实践育人资源，形成实践育人合力。高校要坚持知行合一，以强化实践教学为基础，推进教育教学改革，丰富实践育人内涵，推动高校教育同生产劳动和专业实践相结合，实现专业课实践教学、社会实践活动、创新创业教育、志愿服务等实践载体的有机整合，理论学习、创新思维与社会实践相统一。以搭建实践育人平台为依托，汇聚校内外实践资源，建设一批实践育人基地，打造一批社会实践精品项目，探索形成实践育人统筹推进工作格局。在道德实践中，培养大学生服务社会、贡献社会的情怀；在专业实践中，提高大学生的专业水平和创新能力。

三、深入推进文化育人

文化是一个国家、一个民族的灵魂。文化育人是高校思想政治教育内涵式发展的重要支撑。文化育人的主体由主管校园网络、广播站、校报的党委宣传部和信息管理中心、组织校园文化活动的学生工作部、校团委及各学院学生会、分团委等部门组成。各部门要牢牢掌握高校意识形态工作领导权，突出思想政治引领，注重以文化人、以文育人，深入开展中华优秀传统文化、革命文化、社会主义先进文化教育，推动中国特色社会主义文化繁荣兴盛。高校要加强校风、学风优化建设，繁荣校园文化，建设优美环境，弘扬真善美，滋养师生心灵、引领社会风尚。通过开展社会主义核心价值观主题教育活动，将宣传社会主义核心价值观教育融入文化育人全过程，让师生的理想信念更加坚定，践行社会主义核心价值观更加自觉，文化素养同步提升，获得感不断增强，校园更加文明和谐。

四、精准渗透心理育人

心理育人以马克思主义关于人的全面发展理论为指导，在尊重大学生成长成才规律和心理发展规律的基础上，把心理学原理与方法渗透到高校育人全过程，注重对大学生的人文关怀和心理疏导，培养大学生良好的心理素质，实现人格健全发展，培育自尊自信、理性平和、积极向上的健康心态，实现"育心"与"育德"的有机融合，从而培养出可以担负民族复兴大任的时代新人。高校心理育人的主体包含心理健康教育专职教师、一线辅导员、专业课教师、学生朋辈队伍及学生个体等群体，各类心理育人主体协同合作形成全员心理育人格局。

首先，心理育人要求将心理健康教育融入大学生日常教育管理各方面，构建教育教学、实践活动、咨询服务、预防干预、平台保障于一体的心理健康教育工作格局。

其次，加强心理健康知识教育，把心理健康教育课程纳入高校整体教学计划，力争心理健康知识教育全覆盖。

再次，强化咨询服务，积极构建教育与指导、咨询与自助、自助与他助紧密结合的心理健康教育与咨询服务体系。加强预防和"点—线—面"三级心理育人体系干预，开展大学生心理健康素质测评，建立"四级"预警防控体系，完善心理危机转介诊疗机制，建设心理健康教育素质拓展培养基地。

最后，开展宣传活动，营造心理健康教育良好氛围，提高师生心理保健能力，培养师生理性平和、积极向上的健康心态，促进大学生心理健康素质与思想道德素质、科学文化素质协调发展。

五、积极优化组织育人

思想政治工作的顺利开展有赖于高校各组织机构的通力合作。高校组织育人的主体由各级党组织、团组织、社团组织和班级组织组成。通过校党委、院党组织、基层党支部三级联动组织，贯彻立德树人的根本任务。发挥高校党委领导的核心作用，坚持和完善校长负责制，贯彻落实党的教育方针，建立健全科学的党建工作领导体制和工作机制；发挥院党组织的政治核心作用，建设分工有序、团结精干的领导集体，提升组织的决策水平；发挥基层党支部战斗堡垒的作用，加强基层党组织对党员的教育管理作用和对广大学生的思想引领作用。各级团组织在党委领导下，形成党、团、班"三位一体"的协同工作机制，积极响应上级党组织号召，以党建促团建，团建带班建，广泛开展行之有效的思想政治教育工作。高校各组织机构资源共享、优势互补，充分发挥不同类别组织的育人功能，以良好党风、校风引领教风、学风建设，引导广大学生做社会主义核心价值观的坚定信仰者、积极传播者和模范践行者。

总之，全方位育人就是统筹办学治校各领域、教育教学各环节、人才培养各方面、管理服务各层级的育人资源和育人力量，构筑党委统一领导、部门分工负责、全员协同参与的责任体系，积极发挥高校党组织、团组织、社团组织、班级组织协同育人的优势，畅通主渠道、筑牢主阵地的同时，凝聚全方位育人合力。

"三全育人"是高校思想政治教育的新理念、新格局、新体系，整合了学校、家庭、社会和大学生的多方教育资源，形成思想政治教育贯穿大学生成长过程的时间和空间的融合，德育课程与非德育课程贯通的局面，构建起"大思政"的育人格局，生动阐释了高校应"怎样培养人"这一问题。高校要以"大思政"的格局和视野开展思想政治教育工作，以"三全育人"的一体化设计为导向，统筹学校、家庭、社会、自我的育人资源，形成全员育人的共同体；紧抓全过程育人关键环节，将思想政治教育贯穿高校教育教学各环节和大学生成长的全过程；充分发挥课程、科研、实践、文化、网络、心理、管理、服务、资助、组织等多方位育人的资源与优势，使思想政治教育贯穿学科体系、教学体系、教材体系、管理体系，构建内容完善、标准健全、运行科学、保障有力、成效显著的高校思想政治教育工作体系，形成全员、全过程、全方位育人的良好氛围和工作机制，聚焦立德树人的根本目标。

第四章 网络时代新媒体应用于
高校思想政治教育的实践

随着新媒体的普及、应用和发展，高校思想政治教育也面临着严峻的考验。网络时代，信息的传播虽然突破了传统媒体在时间、空间和时效上的限制，但也给高校思想政治教育带来了新的挑战。高校应当重视网络时代高校思想政治教育的变化，探究新媒体在高校思想政治教育中的应用，将二者结合起来，尽可能地提升高校思想政治教育的实效性。

第一节 即时通信工具的应用

即时通信工具如 QQ、微信等，对于人们来说已经不再陌生，且已被广泛使用。将即时通信工具应用于高校思想政治教育中，既是时代的要求，也是发展的必然。

一、即时通信工具的产生与发展

（一）即时通信工具的产生

即时通信工具具有实时实地地交流、在线传递信息等功能。即时通信工具以网络为载体、以软件为执行主体、以实现沟通为目的。随着时代的发展、人们需求的增多和信息技术的进步，即时通信工具也实现了升级和完善，其具有的功能也越来越全面，成为集博客博文、游戏娱乐、邮箱邮件、电视观赏、搜索百科等于一体的全方位的工具。人们不仅利用即时通信工具进行沟通交流，而且将其视作一个全方位的信息平台，它可以为人们提供交流、问答、娱乐、搜索、办公协作等各项服务。目前，即时通信工具已经成为社会化网络的重要连接点，一些大型的即时通信提供商都为用户提供了手机即时通信软件平台，这意味着广大用户通过下载和安装软件，就可以使手机成为接收终端。

即时通信工具并非近些年才出现并流行起来，早在 20 世纪 70 年代，一个被人们叫作柏拉图系统的即时通信工具便已出现。20 世纪 80 年代，工程师和学术界开始广泛地应用 Unix/Linux 操作系统。20 世纪 90 年代，即时通信工具实现了质的飞跃，能够跨越国际网络交流。

1996 年 7 月，一家名叫 Mirabilis（神奇）的公司成立了。几个月后，即时通信软件 ICQ（网络呼叫器）问世。1996 年 11 月，Unix/Linux 使用者将 ICQ 推向了国际舞台并获得成功。起初，并没有人愿意投资这家公司，其便向全球互联网用户提供免费下载使用的服务。然而，令人意想不到的是，这款一开始只是为了使连接在同一个服务器上的用户能相互交流而偶然开发的试验品竟然在短时间内改变了当时的互联网世界。ICQ 问世仅半年，注册用户便超过了 100 万人次，用户群体遍布全球各个角落。当时，由于 ICQ 在全球聊天软件市场中占比高、影响力大、存在时间长，每一款新的即时通信软件出现时都要与其做一番比较。

以 1998 年为界，1998 年之前，我国的即时通信工具主要以 ICQ 为主，特别是汉化版；1998 年之后，一些网友开始使用由台湾地区的公司开发的 PICQ；同年，由大陆开发的 OICQ 开始迅速崛起。

2000 年，OICQ 成为国内即时通信的主流。到了 2001 年，OICQ 改名为 QQ。市场竞争从未间断，其他即时通信软件在向 QQ 发起冲击时纷纷覆灭，QQ 以其强劲实力屹立于国内市场，此时，ICQ 基本上退出了中国市场。2002 年，QQ 实行全面收费服务，这一举动使很多用户开始使用其他公司的即时通信软件，如 MSN（Microsoft Service Network，微软网络服务）。2003 年，部分门户网站借用免费的短消息和大容量的电子邮箱推出了自己的即时通信软件，吸引了不少客户。值得一提的是，尽管各种即时通信软件不断出现且前途未卜，但是 QQ 仍以其绝对的优势占据着市场，拥有大批忠实的使用者。

（二）即时通信工具的发展

1.低级阶段：作为电话会议的代替品

1971 年，为了应对办公室的突发情况，默里·特沃夫开发了紧急情况信息管理系统及参考索引（Emergency information management system and reference index，EIMSARI）系统，以此帮助政府在紧急情况下进行信息交流和控制。即时通信是 EIMSARI 的一种功能，其通过一根电话线和一台中央电脑，便能使各个地方的人实现信息的交流。同时，用户还可以通过网络连接的电传打字机查看聊天记录。起初，EIMSARI 的即时通信功能只是为了代替电话会议开发的，因此又被称为合用线路（Party Line）。

2.发展成熟阶段：功能逐渐齐全，被互联网用户日益接受

1999—2008 年，国内即时通信软件在经历了拓荒期之后，进入了快速增长期和稳定成熟期。在激烈竞争的条件下，我国即时通信软件朝着越来越完善的方向发展。腾讯 QQ 的成功表明，通用型或者个人即时通信软件的成败，关键在于活跃用户基数的多少。当前，无论从市场发展角度看，还是从用户需求角度看，即时通信工具互联互通的要求日益突出，这也催促着即时通信工具的逐渐健全，从而吸引更多的用户且为更多的用户所接受。

（三）即时通信工具在思想政治教育上的应用

随着即时通信工具的普及和用户群体的增加，高校也应该充分运用这种工具来对大学生进行思想政治教育。为此，高校可以从以下几个方面着手：

1.文件传输共享

信息技术的飞速发展和网络的广泛使用使计算机系统和系统间文件传递变得更加重要。不论是家庭网络、小型办公网络还是广域网，都离不开文件的传输和共享。即时通信工具没有广泛应用之前，在进行文件传输时，首先要将一台计算机中的文件

复制到可移动媒介中，再将可移动媒介连入另一台计算机中，这样才能把文件复制过去，这种方式不仅费时而且极其不方便，效率得不到提升。现在流行的大多数即时通信工具都可以进行即时的文件传输，在传输的过程中，用户只需要点击接受或者拒绝，即可向文件的接受方发送文件，实现文件的传输。即时通信工具在传输文件和共享文件方面都存在很大的优势，提高了效率。文件在传输共享之后，可以让大学生直接分享和学习，特别是党政思想，这对思想引领大学生有快捷的功效。

2.观点表达辨析

使用即时通信工具进行交流与日常的人际交往相同，人与人之间也会产生误会和摩擦，这是因为人们的观点不同，进而会产生观点的碰撞，所以每个人的举动也会不同。特别是一些心理还不够成熟的学生，都有自己的表现欲，都认为自己的行为是正确的，很少会站在他人的角度思考问题，这种意识决定了思想引领的重要性，尤其是各种即时通信平台的出现，不断影响人们的心理。每个人都有表达权，在线交流能给大家提供一个共同交流的平台，从而使观点愈辩愈明，促使人心得到疏通，高校学生工作便会顺利开展。

3.难点问题答疑解惑

高校在利用即时通信工具进行思想政治教育时，首先可以聚焦和提出问题，以此引起大学生的注意和调动大学生的兴趣。问题常常带有较强的情境性，大学生"问题意识"的形成离不开教师正确的引导。在提出问题之后，展示和演绎问题的环节就可以通过即时通信工具来完成。依托现代信息科学和网络传媒技术，即时通信工具能够将与问题相关的前因后果准确生动地演示出来。之后，大学生可以互动，讨论和点评问题。在此过程中，大学生的求知欲被激发出来了，思维也得以开阔。

以 QQ 群为例，结合时事点评"我所知道的中国国际地位新变化"。首先，通过在线提问的方式在 QQ 群里提出这一问题；其次，组织大学生在 QQ 群里发布"一周要闻"；最后，引导大学生分析、评论，使大学生对当前中国国际地位的新变化有所感知并得出答案。QQ 群讨论使得严肃、抽象的话题变得具体、生动，大学生能够在活泼的氛围中打开自己的思维和探索之门，最终做到"复合地、动态地看待中国国际地位"，看到中国国际地位内在蕴含的大和小、强和弱的对立统一，也能理解中国国际地位还具有快速多变的特性，从而更为辩证、全面地了解"一个真实的中国"的内涵。

4. 复合人才培养

大学生在进入大学之后通常会参加各种社团并为此花费大量的时间，这就减少了花费在学习上的时间，对各种政策的学习不够及时，理解也相对简单。与此同时，大学生还容易受到各种思潮的影响，使自己的世界观、人生观、价值观发生变化。这就给高校思想政治教育带来了一定的困难。在新时期，高校可以借助即时通信工具的普及性和便捷性来改善这一现象。比如，在 QQ 群里及时发布一些重要的政策、法规，并以大学生喜闻乐见的方式进行分析，同时辅以线上分享和群组内成员讨论，以此提升大学生的政治敏感度，开阔他们的视野，增强他们的辨别力，助力大学生成长成才。

即时通信工具的诞生和普及也构建了大学生对外沟通的新桥梁。当前，国家鼓励大学生自主创业。为了响应国家号召和寻求更好的发展，很多大学生都开始尝试在高校积累人生的"第一桶金"。然而，大学生缺少经济来源和有利的人脉，常常因为缺乏费用而无法进行广告推广和产品制作，这就使得部分潜力很大的创业计划被搁置。因此，很多大学生将目光投向即时通信工具，他们通过这一零投资、低成本且影响力巨大的载体为自己的创意进行宣传，从而实现了产品或者项目走出校园、打开市场的目的。除此之外，即时通信工具对高校学生的创业项目也有着孵化作用，为复合人才的培养提供了契机，有利于大学生在实践中成长。

5. 用户群体划分

虽然即时通信工具本身并不会对用户的属性有所限制，但也开发了一些附加功能，以辅助用户进行群体划分。以 QQ 为例，用户在申请建立 QQ 群时，必须填写群名称、群规模、群验证等相关信息，并作出一定的功能简介，方便和控制用户搜索进群。因此，绝大多数的群在建立初期都有一个主题，如"××班级群""××考研群""××社团交流群"。通常情况下，用户在进群之前也会了解该群的功能和作用，或者对该群的讨论主题有一定的预设，如班级群的作用是及时通知各项事宜及沟通感情。在选择与被选择之间，形成了一定的用户群体，大家或有着共同的目标追求，或有着共同的兴趣爱好，又或者有着共同的生活经历等。

6.“键对键”沟通模式

即时通信工具在高校思想政治教育上的优势还体现在三个方面，即响应速度、对话模式和表情达意。

（1）即时通信工具之所以被称为“即时”，就是因为其传播速度快、覆盖人群广，不但能够实现点对点（单一用户聊天窗口）、点对面（聊天群）的聊天功能，而且因为通过键盘直接输入，相比于手机短信、彩信或是其他工具，具有输入快捷、错误率低等特点。用户还可以在即时通信工具上查看对方状态（在线、隐身、离线、勿扰模式），从而得知对方是否可以及时获取信息，响应速度得到了较大的提升。

（2）即时通信工具相比于日常对话显得更为严谨，对于一些谐音或是产生歧义的词语可以用文字作出更为精准的表述，相较于严肃的政治教育谈话又能营造出较为轻松的氛围，避免视觉上的压迫感和语言上的侵略性，使大学生更容易接受。

（3）即时通信工具的表情功能也是决定思想引领能否成功的关键因素之一。文字输入未免过于平铺直叙，而且交谈双方较容易受到语言影响，从而过度释放个人情绪，这在思想教育方面尤为明显。最为重要的一点是，表情的挑选和使用使得用户在情绪发泄和文字表达间拥有一个情绪缓冲期，这可以极大地避免过激语言的出现，同时也给予受教育大学生一个反思的时间段，调整自身情绪，稳定急躁心态，从而使高校思想政治教育达到事半功倍的效果。

二、即时通信媒体高校思想政治教育的对话范式

（一）网络时代高校思想政治教育的范式初探

随着网络的兴起和普及，即时通信工具已成为大众交流的主要媒介。

任何一种社会形态和社会制度的核心价值体系，都必然要求对其形形色色的社会思潮起统摄、规范和导向作用，有效发挥思想引领的功能。网络时代开启了即时通信工具思想引领的新风向，它取代了电话垄断的时代。当网络时代悄然来临时，高校需要做好利用其引领大学生思想工作的准备。

1.高校思想政治教育的即时导向性

当即时通信成为一种社会风气和经济发展的关键时,即时通信工具也逐渐成为集中个人资料和功能的软件。在网络信息传播方式不断发展变化的时代,即时通信符合时代的发展和特色,成为一种新型的通信方式,从信息的汇聚到信息的检索,再到后来信息发展的回溯和信息的独立,促进大学生思想引领的即时导向性。这就要求高校思想政治教育工作者要不断地进行思想的引领,坚持可持续发展,及时留心、随时关心、随时用心,坚持与大学生进行网络沟通,建立起专用的聊天群,针对一些性格特别的大学生进行观察和疏导,及时发现大学生的思想动态和心路历程变化。例如,部分大学生不愿意直接向教师表露内心的真实想法,但会在虚拟聊天工具上袒露心扉,这种情况下,教师应用思想去感化和引导这些大学生,在大学生遇到人生挫折、心理障碍或者情绪刺激时可以预先警报与沟通。

网络时代,大学生喜欢使用这类网络工具记录个人心情,并借助聊天平台寻找共鸣,一旦有相似经历的网友对其发表的内容作出及时评论,都会使得大学生感觉自己成功觅得知音;觉得自己虽然是普通人但生活依然受到关注,因此在回复评论时语言通常较为流畅自然,渴望将自己的所思所感与人分享。教师在观察大学生发表的评论后也可以对症下药,了解评论中提及事项的后续进展或补充说明,进行师生之间的交流与互动;教师也可以通过聊天群中其他群友的反馈迅速作出调整,防患于未然。

2.高校思想政治教育的交流互动性

网络时代,思想引领能使高校思想政治教师更加融入人文关怀,凸显"以生为本"的理念。在高校里,做学问不难,做大学生的精神导师是很困难的。高校思想政治教师不仅仅是信息发布员,还是大学生的引路人。这就要求高校思想政治教师要有一双犀利的眼睛,有一双善于发现和解决问题的眼睛,了解大学生的症结所在;要有一颗温暖的心,将以情感人和以德育人结合起来,做大学生的表率;要有一个善于积累、善于创造的灵魂,用来感化大学生,从思想上引领大学生。

网络时代,思想引领可以作为对思想政治教育方式的一种有益的尝试和补充,可以充分利用信息平台的优势,在教师的带领下,做到"化理论为德行""化理论为方法"。信息平台可以以"时政要闻""成长之路""文明风采""生活须知"等小栏目来展现。只要登录信息平台，最新的时政要闻、模范学生的风采等都可以呈现在大学生面前。生动直观的语言，还能时时刻刻让大学生保持清醒的头脑，树立良好的学习风气，某种程度上也能为培养人才提供有力的保障。

网络时代，思想引领更能营造积极健康向上的氛围，倡导积极向上的价值体系。即时通信工具引领的新思想更能紧扣大学生的思维方式，在信息平台中表现尤为突出。信息平台不仅为新时期的思想引领工作搭建了一个全新的平台，也扩大了思想政治教育的覆盖面，增强了思想引领的影响力和聚合力，师生之间的交流和信任也会明显增强，大学生思想引领工作的针对性、时效性的效果都会更加明显。作为大学生的精神指引者，教师也应该提高自己的业务素质，从而感染学生，用真正的人格魅力和学识魅力获得大学生的信任，真正引导大学生树立良好积极的心态。

3.高校思想政治教育的信息共享性

新媒体在思想引领上的作用是不可否认的。目前，在丰富校园文化生活、推进素质教育的过程中，要逐渐扩大工作局面，使各团组织能够丰富与活跃起来，增强团组织的影响力，很好地契合新形势下共青团思想引领功能的工作要求。在传统的教育模式中，常常会遇到辅导员"门难进，口难开"的尴尬局面。而如今，聊天账号的拥有率几乎百分之百，可以将班级中的每一个大学生都加入聊天群里，这样能对大学生进行全面的覆盖，可以随时进行交流，并可选择群聊或者私聊的聊天方式，淡化等级观念和意见压力，及时地为大学生传递一些时事政策的资料，或者为大学生讲解精神文明建设的思想信息，保证信息传递的广泛性，这也能使共享的信息资料可信度高、完整性强。因为群共享具有传输文件的功能，使大学生可以平等地接受一手信息，也能让更多的同学拥有话语权，激发大学生的学习积极性。

4.高校思想政治教育的家校联动性

网络时代的思想引领，使学校和家长能更好地交流，提高大学生思想引领的全面性。当代的大学生大多数都是独生子女，学校、家庭、社会只有相互沟通、积极配合才能共同开创教育的新局面。把家长纳入学校合作教育，形成家庭教育、学校教育的共同教育局面已迫在眉睫。例如，当前利用网络进行诈骗的案件层出不穷，特别是某些犯罪分子利用家长担心孩子在外求学遭遇不测的心理，以孩子遭遇车祸需要手术费、孩子在校因刷爆信用卡而收到法院传单，或孩子在校被诱骗至传销组织从事违法犯罪活动等编造的事件为由欺骗家长，让不在孩子身边的家长手足无措，且此时拨打孩子的手机已经是关机或无法接通的状态，这让平日缺乏和孩子的同学或是辅导员联系的家长很可能会"病急乱投医"，抱着"宁可信其有，不可信其无"的想法向指定账户汇去大笔钱财，发现上当受骗后才后悔不已。此时，如果家长可以与思想政治教育教师取得联系，向辅导员确认孩子的真实情况，那么校园诈骗犯罪率将会大幅度降低。

当代大学生会受到来自各个方面的诱惑，如电脑、游戏、电影、电视剧等，它们占据了大学生大量的课余时间，进而影响了大学生的学习成绩，甚至出现考试挂科的情况。而且大学的补考制度让一些大学生存有侥幸心理，再加上父母不在身边，对自己的情况不了解，一些大学生为了隐瞒挂科的情况，通常会对父母虚报成绩，或者以成绩单尚未寄出为理由欺骗父母。如果思想政治教育教师通过即时通信工具与大学生家长取得联系，并且将学校所发的紧急通知都通过即时通信工具来反映给家长，或者上传到自己的信息平台，使所有的家长都可以看到，家长就可以根据教师提供的信息了解自己的孩子在学校的学习情况和生活情况，同时也可以将自己的想法和疑惑反映给教师，从而形成学校、家庭教育的合力，进而提高教育工具的实效性。

（二）网络时代高校思想政治教育的"对话范式"

"对话范式"已然成为一种全新的哲学范式，它凸显和渗透在人类社会生活的方方面面，不仅是诸多学科走出自身困境的新途径，而且日益成为各种文明、文化传统相互借鉴的新方法。"对话范式"在中西思想史上源远流长。它起源于苏格拉底法则与辩证法。"对话范式"不仅具有学科意义上的普遍性，还具有不囿于地域限制的普遍性。在中国传统哲学的诸多思想中都能看到"对话范式"的身影。比如，《周礼》中"礼尚往来"的思想及《周易》中"阴阳互补"的思想，前者表达的是一种人与人之间的"对话原则"，后者体现的则是一种宇宙间的"协和原则"。再如，我国传统文化中儒家的仁爱思想和忠恕之道的宽容互让等都可以作为"对话范式"的生动体现。

倘若传统的哲学教育是一种发现自我的教育、传统的科学教育、他者专权的教育，那么思想政治教育就可以看作一种融贯"自我"和"他者"、走向主体间性的"对话教育"。作为"对话教育"的大学生思想政治教育有助于高校从教育主体上或者教育方法上为思想政治教育学科建立一个良好的、行之有效的崭新模式与行为模式。随着网络时代的兴起，伴随着即时通信工具的使用，"对话范式"已经成为一种全新的哲学范式，它凸显与渗透于人类社会生活的各个方面，在大学生思想政治教育方面所起的作用也越来越重要。

1.网络延展政治民主对话的广度

网络时代，高校思想政治教育的"对话范式"的主要作用在于强化大学生的民主意识。在高校思想政治教育方面，民主是人类政治文明发展的成果，是对话的产物，而不是独裁和专制的产物。换言之，民主教育的方式是一种与大学生进行沟通、理解的教育方式，是协调的、民主参与型的教育，而不是进行"知识灌输式"的教育。

即时通信工具能充分体现"平等对话"这一理念，任意一个拥有即时通信工具账户的大学生都可以接入互联网，通过查找好友与之聊天，或者加入聊天群与其他网友一同分享资讯。网络时代的来临解构了传统媒体时期单向的信息传播模式，聊天工具实现了"你说我说""你听我听"的"对话范式"的效果。

与广播、报纸等传统媒体不同，网络时代下的资讯不再通过固定模式发送接收，而是时间更加自由、模式更加多样地传播。聊天双方可以就某一问题进行深入探讨，意见一致时可以继续探究，观点不同时也可以将自身的想法转化为文字，或者利用聊天工具中的表情包将个人的情绪委婉地表达出来；还可以借助语音聊天、视频聊天等功能，用更为流利的思维表述方式说服对方；如有必要还可以发送图片佐证自身观点，甚至可以通过文件传输功能搭建临时 FTP（File Transfer Protocol，文件传输协议）共享空间，使得文件分享变得快速便捷。

网络时代，每一个参与者都不由自主地感受到沉寂多年的话匣子仿佛一瞬间被打开，与人沟通、交流的欲望得以在网络空间释放，交谈的内容不再是生活琐事，而是真正涵盖了天文、法律、军事、政史地、物化生等方方面面。即使面对的是从未听说过的事物也不必惊慌，因为网友大多数都乐于分享其所知所感，也很愿意普及知识，在这样轻松、欢愉的对话氛围中，民主交谈、诉说与倾听得以渐渐体现。此外，民主在大学生眼中，不再是教科书上那种冷冰冰的规定，而是转化为对话的交流和理解，通过沟通、商谈、问答等民主方式来体验民主，也许是对民主的最好体现和最佳体验。

2.网络挖掘责任道德对话的深度

网络时代，思想引领的"对话范式"在高校思想政治教育方面，是强化大学生责任意识的重要途径。任何一个具有道德感的人都应该具备一定的责任感。道德责任包含以下两方面的内容：

第一，在一定道德意识的支配下，人们对社会或者对他人自觉产生的承担意识。

第二，在自己的道义上，认为应当承担的责任。

这两方面是统一的，意识上的约束和行为上的认识，对大学生的道德理论教育是很重要的，能够强化大学生的责任意识，而责任意识的产生正好是由人们之间的对话关系所决定的。

网络时代，思想引领的"对话范式"中，大学生通过对话能更好地体验到自己的道德责任。大学生在学习政治法律知识后应该深刻理解互联网相关法律法规，不作出逾越道德、伦理和法律的出格行为。在与对方进行交谈时，大学生必须明白自己应该遵循网络公约，文明上网，不能随意对他人进行人身攻击和语言侮辱，也禁止诽谤、嘲讽甚至欺诈聊天对象；在选择网络群聊时，大学生不能随意破坏群社区有序、友好和文明的氛围，恶意传播谣言或是散布广告，给聊天对象造成干扰，使之产生不愉快的心理。

3.网络雕琢人格平等对话的精度

网络时代，思想引领的"对话范式"可以帮助大学生塑造平等的人格思想。作为个人，人格是人的价值体现，在教育大学生平等方面，人格一直经久不衰，"教以言相感，化以神相感"，"教"与"化"二者相互作用、相得益彰，"有教而无化，无以格顽；有化而无教，无以格愚"。在教育的过程中，"教"与"化"都是十分重要的，同时也要注重教育中人格所发挥的影响作用，"故言立不如默成，强人不如积感"，强调重视真诚的无言之教与平等的人格感化。在网络时代思想引领的"对话范式"中，作为"学为人师，行为世范"的教师，"为人师表"是基本，教师也有更多的机会影响大学生。

目前，仍有极少数教师为了维护教师的尊严而刻意保持师生间的距离。这样的做法使得师生之间无法搭建起沟通的桥梁，大学生也无法充分信任教师。网络时代要求教师应当实现言教与身教的统一，教师和大学生之间要有充分的交流与交往。若要实现师生交往这一目标，就必须建立相互尊重的新型师生关系，这种师生关系就是网络时代思想引领的对话关系。

传统的师生沟通方式包含但不限于课堂提问、课下交流等现实社交途径，但因教师工作时间有限加之大学生课业繁重，因此传统的面对面沟通机会较少、持续时间也较短。通常情况下，还会受到学校作息时间影响，这体现了其受到时空制约的局限性。而网络时代，师生间的联系变得更为紧密，其交往便捷性也得到了大幅度的提升，交谈方式也由过去的刻板、严肃转变为轻松、自然，大学生如果对教师的授课方式存在意见，可以在即时通信工具上直接与教师沟通，避免了当场提出而造成的师生尴尬；如果大学生对教师的一些行为做法持保留意见，也可以通过即时通信工具委婉地向教师提出，或是以商量的态度和语气再配上俏皮的表情符号，使整个交流过程更为轻松；抑或是如果大学生的性格较为内向沉稳，不善交际，尤其惧怕与社会地位或社会身份较高的对象进行语言沟通，那么即时通信工具则可以尽可能地帮助其解心结，突破心理障碍。

网络时代的线上对话是现实社交的一种扩展和延伸，交流双方应当相互尊重、相互信任、相互理解，进而形成一种长效平等的沟通机制。这样，大学生才能够被尊重，才能够在自己与教师的相互尊重中全面地发展自我，并收获属于自己的成功和价值理念。因此，网络时代，即时通信工具更能使大学生获得人际关系的积极体验，教师也更能引导大学生形成自由的个性和健康的人格。

第二节 手机媒体的应用

手机作为一种新媒体，已经不再是单纯的通信工具，人们利用它可以随时随地上网获取信息、了解新闻等，给生活带来了许多便利。2023 年 8 月中国互联网络信息中心（CNNIC）发布的第 52 次《中国互联网络发展状况统计报告》显示，中国网民规模达到 10.79 亿人，较 2022 年 12 月增长1109万人。

随着现代通信技术的发展和社会的进步，手机媒体以其快捷、互动等传播特性，日益改变着人们的学习、生活和思维方式，成为人们获取信息、学习实践、开展工作、传递情感的重要工具，也为高校思想政治教育工作搭建了崭新的平台。

一、手机媒体对高校思想政治教育的有利影响

（一）拓宽了高校思想政治教育信息的获取渠道

手机媒体以一种全新的无线互联形式使手机用户足不出户就可闻天下事，大大提高了人们获取信息资源的效率。高校应充分利用好手机媒体这一教育载体，努力拓宽思想政治教育信息的获取渠道。

高校可以建立起包括教师、学生、思想政治教育工作者在内的庞大的信息网和联络网。思想政治教师通过聊天工具（微信、QQ 等），与大学生保持畅通的联系，给大学生传递思想政治教育信息，同时也密切关注大学生的思想动态，及时获取大学生的思想信息并进行跟踪指导。思想政治教师也可以利用手机媒体丰富的信息量和强大的传播能力推行多变互动式的学习小组，定期开展思想政治教育活动，促进大学生进行思想和文化的交流，并引领甚至影响更多的同学加入思想政治教育活动。

高校应该借助手机媒体挖掘丰富、多样的思想政治教育资源，打破以往传统的课堂教育模式，鼓励大学生与教师进行一对一的互动，构建双向虚拟交流平台，使大学生在轻松的氛围中自主地选择学习内容，在主动探索和积极参与的过程中潜移默化地接受思想政治教育。手机媒体的开放性和互动性使大学生获得了最大限度的平等、自由，并充分调动了他们学习的积极性和主观能动性，使大学生从被动参与转变为主动学习，加深了大学生对世界、自然、社会的感知能力和思考能力，有助于提高大学生思想政治教育的实效性，有利于拓展大学生思想政治教育的理论和实践平台。

（二）提高了高校思想政治教育的效率

高校思想政治教育成效如何在很大程度上取决于大学生的信任程度和参与程度。

如何降低高校思想政治教育信息的传播时间、传播成本，提高大学生的参与度，一直是高校思想政治教育面临的困境。手机媒体操作简单、功能齐全，被广大青年所喜欢。高校思想政治教育工作者应用手机媒体，可以减少网络思想政治教育的烦琐操作，突破电脑设备和技术要求的束缚，以前所未有的可移动性和易操作性，缩减思想政治教育信息的传播成本，减轻思想政治教育在时间、空间、费用上的巨大负担，有效提升大学生思想政治教育的自主性，真正提高思想政治教育的效率和效果。

另外，大学生是否信任思想政治教育工作者、是否认同思想政治教育活动，是影响和制约大学生思想政治教育质量和成效的关键。手机媒体为大学生建立起双向互动的虚拟交流平台，通过"人—机—人"的方式，拓展了跨越时空的人际交往环境，有效缓解了大学生在单独面对教师时产生的压力，使他们放下心防、直抒胸臆，与教师之间架起了一座沟通心灵的桥梁。

（三）增强了高校思想政治教育的生动性

1.手机媒体增强了高校思想政治教育的趣味性

手机媒体的实质就是一个包括文档、图像、视频、声音等多媒体技术在内的新式媒体。大学生经常利用手机接收和发送信息，拍照或者制作视频等。高校思想政治教育工作者可以利用这些形式向大学生传递思想政治教育信息，增强思想政治教育的生动性和趣味性，寓教于乐，调动大学生的参与热情，提升思想政治教育的魅力和时代特性。

2.手机媒体提高了高校思想政治教育的感染力

调查数据显示，多种感官同时作用的认知活动，其认知效果和认知水平较单一感官获得刺激的认知活动有大幅度的提升。手机媒体便是一种能够调动人们多种感官同时感知的传播媒介，通过视觉、听觉等多重感官的相互作用，大学生可以获得精神上的享受，加深他们对学习内容的吸收和理解，使思想政治教育的感染力进一步增强。

（四）丰富了高校思想政治教育的手段

手机媒体以其传播速度快、传播范围广、信息量大、携带方便等优势丰富和更新了高校思想政治教育的方法和手段。通过信息平台，教师和大学生可以实现即时通信、瞬间互联，教师既能够将思想政治教育信息及时地传递给大学生，还能够了解他们的思想状况，掌握他们的基本动态，适时调整思想政治教育的内容及方法。大学生也可以根据自身的特殊情况与思想政治教师保持联系、沟通情感，表达自己的真实想法，抒发内心的情感。

手机媒体融合多媒体技术，既可以满足人们对电视广播、报纸等传统媒体的需求，又能利用微博等新媒体形态实现思想政治教育的传播意图。高校可以借助图片、声音、视频来开展思想政治教育宣传、普及活动，使教育方法从传统的说教式、灌输式逐渐转变为交流式、互动式，从而提高思想政治教育的效果。

二、手机媒体在高校思想政治教育上的应用

（一）手机媒体应用于高校思想政治教育的思路

1.将手机媒体与传统教育模式相结合

当代大学生是使用手机媒体的主要群体，高校应该将手机媒体当作进行思想政治教育的重要渠道。手机便捷性、及时性和互动性等特点可以大大改进传统教育方式的弊端，将传统"填鸭式"的教育方式转变为渗透式教育，使大学生可以在生活中随时随地接受教育、进行学习，与传统的教育方式相比，更为有效。使用手机进行教育可以调动大学生的主体性，让大学生主动参与到教育中来。教师还可以通过手机及时地与大学生进行沟通，这样不仅可以减轻一些不善言辞的大学生的紧张感，还可以更好地达到沟通交流的效果。同时，教师可以通过手机媒体进行主题教育，有针对性地进行专题宣传，以达到更好的教育效果；教师还可以通过手机优化校内文化活动、社会实践活动、道德讲座活动等的教育效果。

2.搭建信息服务平台，满足社会发展多样化需求

高校可以通过手机发布平台向大学生发送信息，推送学校内部的活动信息、实时资讯等，方便大学生快捷地获取校内信息；高校还可以向大学生发送道德教育的相关

内容，使大学生可以通过手机快速地进行阅读和学习。通过手机进行信息传播可以拉近高校和大学生的距离，打破现实世界和虚拟世界的界限，使大学生更愿意进行交流。手机媒体为人们提供了倾诉平台，可以更好地满足人们的内心需求。同时，手机媒体让人们更自在地进行深入的交流，有利于思想工作的开展。轻松的交流环境使人们更愿意倾诉和倾听，为开展思想政治教育提供了良好的环境。

3.引导大学生文明使用手机媒体，强化自律意识

科技不断进步，社会环境也在不断变化，高校应该建立健康积极的手机媒体环境，在这个环境中利用手机媒体进行道德教育等活动。

首先，高校应该帮助大学生正确地对待手机文化，建立正确的消费观，提高大学生对手机传播信息的辨别能力和判断能力。

其次，高校要加强对大学生正确意识的培养，坚决抵制不健康的信息，引导大学生建立科学健康的手机使用观念。

最后，高校应该利用手机媒体多种多样的形式进行文化传播，通过各式手机活动引导大学生主动地参与社会建设，建立和谐健康的文化氛围；帮助大学生完善道德价值观，主动抵制不良信息，营造良好的社会风气。

（二）手机媒体应用于高校思想政治教育的实现路径和启示

手机媒体的建设经验展现了一种有效改变高校思想政治教育现状的实现路径：

第一，手机媒体可以细分大学生群体，按照不同的受众进行不同的教育，开展有针对性的教育。

第二，手机媒体具有及时性的特点，可以第一时间向大学生传递信息。高校可以通过手机媒体将新闻、事件、活动信息等及时地传递给大学生。

第三，高校可以利用手机媒体的超链接帮助大学生扩展阅读。

第四，高校可以通过手机媒体与大学生更好地建立关系，通过与大学生沟通进行媒介内容的补充和调整，增强教育效果。

下面以手机报为例进行说明：

1.手机报在校园宣传中的作用

高校通过校园手机报的形式进行校园文化宣传及思想道德教育。校园手机报可以通过文字、图片、视频等多种表现方式进行信息传播，帮助大学生及时了解校内动态，随时随地获取校内信息。校园手机报是一个很好的校园资讯平台，通过移动网络，大学生可以使用手机终端浏览校园手机报的内容，这是高校进行文化宣传及思想教育的重要方式之一。

（1）创造全新的手机宣传模式

大学生是年轻群体，而这个群体的主要特征之一就是具有强烈的好奇心，追求新鲜感，所以随着移动网络的普及，使用手机上网已经成为大学生生活与学习的一部分。在这样的背景下，高校通过校园手机报进行思想政治教育是一个很好的选择，手机为高校进行教育提供了全新的平台。针对大学生喜欢使用手机上网的现状，高校通过校园手机报进行信息传递和信息交流，从而推动校园文化的宣传。大学生可以随时随地阅读校园手机报，这种便捷性与实时性提高了大学生的阅读主动性。

（2）充分利用"蝴蝶效应"扩大受众面

传统的宣传方式很难做到信息覆盖所有目标群体，然而利用手机媒体宣传的"蝴蝶效应"可以有效地将信息传送给目标人群。高校通过校园手机报发布最新的校内信息，通过大学生的转发、共享等方式进一步扩大宣传，将信息迅速地传遍整个校园。因为校园手机报的这种效用，其在学校进行文化宣传及思想政治教育的过程中起到了重要的作用。

（3）校园手机报拉近了高校与大学生的距离

校园手机报开创了高校与大学生之间信息传递的新媒介。校园手机报的方式一般分为两种：一种是通过彩信进行推送，另外一种是通过网站开放浏览。手机彩信的方式是通过向师生推送图文并茂的信息进行消息发布及宣传，与传统的纯文字宣传相比，增加了大学生的阅读乐趣；网站浏览的方式是大学生通过移动网络浏览高校发布的相关内容，高校还可以通过添加链接的方式帮助大学生扩展知识，丰富信息内容。手机操作简单、信息及时，是师生都比较喜欢的宣传模式。

2.手机报在校园宣传中的劣势

（1）信息孤立，缺少背景支撑

因为手机信息有数据大小的限制，导致校园手机报的内容受限，新闻及信息的传播只能就要点进行传播，不能将信息的背景交代清楚，可能会出现大学生对信息的了解不全面的情况。

（2）形式多样，内容缺少深度

校园手机报形式丰富多样，为了吸引大学生的注意尽可能地丰富形式的确有助于宣传，但校园手机报数据大小上的限制导致校园手机报的内容过于单薄，缺少深度。

（3）重点有误，引导方向有偏差

校园手机报有时会在内容上出现错误，过于看重娱乐性而忽视了信息内容的深度，会导致校园手机报失去根本的意义，并不能起到正确引导大学生的作用。

（4）方向单一，缺少互动

校园手机报是一种单向宣传，由校方到大学生的信息单向传道，大学生不可以直接进行信息反馈，这就会导致宣传缺少互动性，校方无法快速获得宣传效果反响。

校园手机报还需要不断完善，不论是内容还是形式都有进步的空间。高校应该注重校园手机报内容方面的完善，尽量地充实阅读内容，使信息不被孤立；充分地提供信息的背景和环境，让大学生全面地获取信息、内容。在制作发行方面，校园手机报应该更加系统化和专业化，使校园手机报可以健康稳步地发展，与其他手机媒体齐头并进，发挥优势。校园手机报的推广可以推动教育模式的转变，使现行教育模式更好地适应当今大学生的学习和生活状态，以便激发更好的教育效果。

随着信息技术的发展，手机已经成为人们生活中必不可少的一部分，将教育与手机媒体相结合可以很好地吸引大学生的注意，从而进行效果良好的校园宣传。校园手机报作为一种手机媒体，在教育方面有着很好的前景，高校应该充分利用手机报的优势开展宣传和教育，将手机报与高校思想政治教育有机结合。

3.校园手机报与高校思想政治教育

校园手机报为大学生了解校园信息提供了更加便捷的方式，他们可以随时随地通过手机获取相关信息，及时了解校园讯息。但是现在开放式的信息环境除了为大学生获取资讯提供了便利条件，还存在一些隐患，部分负面的、不健康的信息夹杂在信息流中，这就可能会对大学生造成一些负面影响，不利于他们的身心健康发展。为了正确引导大学生建立正确的思想价值观，高校往往会通过建立论坛相关板块或开通辅导员博客等方式进行思想政治教育。但随着互联网的飞速发展，大量的信息涌入大学生的学习生活，加大了高校开展思想政治教育工作的难度。尤其是随着移动互联网的普及，不良信息防不胜防，高校很难从源头制止信息的传播，只能通过加大教育力度和增加教育形式来帮助大学生主观地抵制不良信息带来的负面影响。

第三节 校园网及网络论坛的应用

在高校中，校园网是校园进行信息传递的一个主要媒介，在大学生的学习和生活中发挥着重要的作用。互联网时代，高校校园网是进行大学生思想政治教育的主要渠道之一，这就要求高校加强校园网建设，提高高校思想政治教育的实效性。

一、利用校园网进行高校思想政治教育新领域的可行性

（一）以高新技术为创新点，使高校教育工作始终适应社会生产力

无论是校园网运行速度升级，还是完善相关功能，始终需要先进的科学技术作为支撑，这是社会生产力发展的需要。高校应以高新技术为高校思想政治教育工作的创新点，随着网络技术的不断更新，改进教学方法，利用多元化模式完善教学体系，扩充教师与大学生沟通交流的渠道，在变化发展中提高教育质量。高校思想政治教育工作需要坚持与时俱进的原则，将传统美德与现代化的传播方式有效结合，避免说教和"填鸭式"教学，针对现实中存在的客观问题给大学生正确的思想指引，从而努力创造美好未来，实现思想与行动的良性循环，使高校思想政治教育工作始终适应社会生

产力的发展，符合时代需要。

（二）及时发现大学生思想政治教育新问题，采取针对性措施解决

矛盾导致的变化促成了发展，变化是绝对的。从高校思想政治教育本身来看，虽然具有实质意义的真理不容置疑，但不同时代、不同成长经历的人们在接受和理解这些思想方面却存在差别，甚至极有可能因为某些原因产生误解。在施教方法及模式方面，由于施教主体与客体及外界环境的变化随时都可能出现问题，而网络又具有开放性特征，因此很多大学生在思想政治教育方面的盲点常常会第一时间通过校园网显现出来，如果教师和学校领导能够及时发现，采取针对性措施解决，可以让高校思想政治教育工作更加细致，甚至对大学生的整个人生都具有重大意义。

（三）国家政策方面大力支持，广泛开展国际合作

无论是校园网建设还是高校思想政治教育都得到了国家政策的大力支持，前者代表了先进的生产力，后者则是我国精神文明建设的重要环节，将二者有效结合并且顺应国家发展趋势，积极参与国际合作，向发达国家借鉴好的高校网络思想政治教育模式，以技术创新为先导，以科学发展观为指引，在开展国际合作的过程中提升大学生的思想道德素质，培养大学生的民族自豪感及主人翁意识，实现高校网络思想政治教育的全方位推进。

（四）校园网具有突出的稳定性与安全性，便于监督管理

校园网对于一些涉及学校内部信息的资源并不对外公开，因此在网络操作及安全管理方面有更加严格的要求，技术支持上也需要提供保证，只有在校园网是真正稳定且没有安全威胁或者危险性极低的时候，校园网的各项功能才可以得到充分发挥，成为高校思想政治教育的坚实平台。教师和学校领导随时跟进思想政治教育工作，监督管理校园网使用情况的同时，也可以对高校思想政治教育的过程和成果进行有效的把握，从而令教学计划有条不紊地执行。

二、充分发挥校园网的思想政治教育功能的对策

（一）校园网应细分服务对象

在高校中，大学生来自五湖四海，他们的生活环境各异。因此，在使用校园网的过程中，不同的大学生，其产生的心理反应和感觉也是不一样的。一般来看，来自城市的大学生对于校园网的使用满意度要比来自农村的大学生的满意度高，主要原因是来自城市的大学生对于网络比较熟悉。但大学生学习成绩的好坏则与校园网的使用满意度没有明显的关系，由此可以看出，日常的学习生活对于大学生使用校园网的满意度的影响不大。因此，如果想要提高校园网的思想政治教育功能，就需要对大学生的相关信息进行采集与调查，如通过问卷的发放、对大学生进行访谈的方式来收集信息，从而更加明确来自各个地区的大学生的需要，找到大学生满意度低的原因，以更好地对校园网进行优化。

（二）校园网应同时加强硬件与软件建设

如果校园网想要更好地正常运行，就需要有良好的校园网络硬件做保证。为了使高校的综合实力得到进一步提升，就需要在校园中加强无线网的应用，使高校的硬件都可以得到加强。扩大无线网络的校园覆盖面，建立起灵活便捷的无线校园网，已经是当前高校校园信息化的一个重要标志。大学生拥有的笔记本、手机越来越多，他们对无线网的需求也随之加大，需要在教室、图书馆、室外广场等地随时接入网络。为了使大学生可以及时获得所需要的信息，就必须加强无线网的建设。

在这个过程中需要注意一个问题：如何引导大学生用手机进入校园网。高校需要聘请专业的设计人员来进行校园网的建设，从而使广大学生都可以方便快捷地用手机登录进入。

（三）校园网应建立大学生网络情绪宣泄资源库

当前时代，大学生面临的学业压力越来越大，而当他们有了心理压力时，与他人沟通并不是他们的第一选择，多数大学生都是通过听歌等自我排解的方式进行心理压

力的宣泄。在高校中，关于大学生进行情绪宣泄的网络资源面临严重不足的问题，这是校园网建设的一个漏洞。因此，在保护隐私的前提下，需要开发建立大学生情绪宣泄的网络资源库。根据大学生情绪宣泄需求分析，网络情绪宣泄资源库可以分成以下四个模块：

1.情绪宣泄资源检索和管理模块

通过该模块，大学生可以自主学习相关方面的知识，教师也可以通过该模块对相关的教学内容进行定义，设置好逼真生动的教学情境。

2.网上心理测评和心理档案管理模块

大学生可以通过该模块实现自助情绪宣泄咨询，也可以通过该模块开展心理自测，以及预约线下的心理咨询等。该模块可以生成大学生自测报告，同时附上专业教师的相关建议。教师通过该模块也可以了解大学生的情绪心理分析情况，总结大学生的成长规律，从而更好地研究和解决大学生相似情绪的良好方法。

3.网络情绪宣泄咨询及在线答疑模块

通过该模块，大学生可以直接进行心理情绪问题的咨询，咨询教师也可以组织大学生对情绪进行场景讨论。

4.网络情绪宣泄教育考核评价模块

通过该模块，教师可以对大学生进行大范围的心理测试，对大学生不同阶段的学习情况和效果进行研究和评估，以更好地促进大学生进行自主学习。大学生也可以通过该模块对教师和校园网进行评价，以更好地促进校园网的建设和教师教学水平的提升。

（四）校园网应建立合理的校园网监管互动机制

要想保证校园网的安全可控，就需要对其进行监管，就要明确其规范和方法，使网络管理制度落实下去，加强执行力。因此，高校可以通过对校园网用户的 IP（Internet Protocol，网络之间互连的协议）和 MAC（Media Access Control，媒体接入控制）地址进行双向绑定的方式来防止用户私自篡改、盗用、攻击 IP 地址。高校要保证师生每人拥有唯一账号，通过这个唯一账号可以有效地监督师生的工作、学习和生活。以此为基础，组建一个专门的网络管理中心，使其拥有相应的职能和管理权限。网络管理中心在对师生进行监督管理的时候，要注重对大学生隐私的保护。

进行网络监管时要注意坚持"放纵适度"的原则，在大学生不破坏国家与人民的利益，不影响别人正常生活、学习的前提下，让大学生可以在网上对自己的情绪进行合理宣泄。

此外，高校也需要教育大学生遵守网络道德，在网络上使用文明用语，提高大学生的网络责任感，使大学生的文化修养不断得到提高，使大学生的自我约束力不断增强，从而从根本上减少大学生对校园网的滥用。

三、利用网络论坛进行高校思想政治教育的路径

（一）加强团队建设，建立完善的 BBS 管理体系

思想政治教育传播思想和理念，通过网络对大学生进行思想政治教育时要更加注重大学生教育管理工作，要加强团队建设，做好 BBS（Bulletin Board System，网络论坛）管理体系的建设。例如，水木清华 BBS 就设置了专门的论坛管理委员会，他们负责管理论坛的发帖，对帖子进行审核和分类，删除一些不健康或含有不良信息的帖子。对于论坛中的广告，管理员也会定期进行清理；通过置顶一些精品帖子，对论坛中的舆论进行引导。高校在进行 BBS 建设时要设立一个专门的管理组对论坛内的信息进行监督管理，从而为高校校园 BBS 建立一个良好的氛围。管理部门需要对这些信息进行 24 小时的监控，将信息热点的具体情况及时向校方进行报告，以利于校方有效地进行应对。

（二）利用 BBS 网络宣传的快捷性，及时发布和告知校园动态

BBS 在传播信息方面具有快捷性，高校可以利用这一特点进行校园信息的传播。比如，水木清华 BBS 的"水木特快"板块，就是专门发布校园公告和信息的板块，在这个板块中，大学生可以了解校方的工作公告、讲座和一些校园精彩信息，让大学生

在第一时间得到最新消息。高校在建设 BBS 时，应建立相应的资讯板块，让教师和大学生通过 BBS 可以有效地了解信息、反馈信息，这些不仅可以促进校方和大学生建立良好的关系，还可以加强校园活动的吸引力，促进校园文化的发展和建设。

（三）收集整理网上信息，释疑解惑，建立良性循环的通道

校园 BBS 应建立信息收集板块，在这个板块中可以发布一些人才培养、师资队伍、招生就业等相关信息，为校内的师生提供一些有用的信息。同时，校方管理者也可通过 BBS 向大学生进行问题和信息的征集，让 BBS 成为校园管理层和大学生之间的交流通道，校园管理部门也可以针对大学生提出的意见进行有针对性的改革和及时的沟通，有效地缓解与大学生的矛盾，从而建设一个和谐的校园。

（四）线上线下双向互动

BBS 具有线上收集、线下解决的特性。高校可以在线上征集意见，然后通过线下活动进行有效的改进。大学生也可以通过 BBS 内的好友系统在线进行情感交流，给离线的用户留言，这些人性化的设计为大学生交流提供了便利。

（五）精心设计，构建高校论坛 BBS 品牌

高校 BBS 应该具有品牌意识，建立属于自己的品牌，通过品牌效应更好地开展大学生的思想道德教育工作。水木清华 BBS 作为国内顶尖的校园 BBS，大量高校人才汇聚其中进行思想交流，凭借自身开放且兼容的氛围建立起了"水木清华 BBS"这个品牌，引导更多高校学生加入论坛。因此，高校应该通过适当的管理和创新树立属于自己的品牌，这样可以更好地开展思想政治教育，更全面、更广泛地影响高校学生。

第五章 全媒体环境下高校思想政治教育的创新实践

全媒体时代具有开放性、共存性的特点，诸多信息良莠不齐，而且信息传播量大、传播速度快，对高校思想政治教育工作提出了全新的要求。因此，在全媒体环境下如何创新思想政治教育的内容、方式和模式，是每一名思想政治教育工作者都要面对的课题。综合分析当前形势及高校思想政治工作的新要求，要想不断提升全媒体环境下的思想政治教育工作，必须同步加强思想创新、技术创新、制度创新和人才创新。

第一节 全媒体环境下高校思想政治教育的
观念与内容创新实践

一、新型思想政治教育观与学生观

（一）传统媒体下的思想政治教育观与学生观

在传统媒体背景下的思想政治执行者或教师依赖国家教育制度对大学生进行单向与定向的思想灌输，在教育活动中处于支配地位，很少顾及大学生的个性需求；而大学生则处于被动接受的地位，对教师知识的依赖性较强。这种教育理念导致教育理论与实践脱节、教育方式方法滞后、思想政治教育的社会效益低下。为此，全媒体环境下的高校思想政治教育工作必须全面深化改革、务实创新。

（二）构建新型思想政治教育观与学生观

现阶段，通过整理或梳理党和国家的系列方针政策，就可以异中求同地、比较全面地了解和把握全媒体环境下新型的高校思想政治教育观与学生观。

1.重要文件梳理

中共二十大报告明确指出："用社会主义核心价值观铸魂育人，完善思想政治工作体系，推进大中小学思想政治教育一体化建设。"这是解决培养什么人、怎样培养人、为谁培养人这个根本问题的关键举措，只有深刻认识"为党育人，为国育才"的重大意义，系统推动实施一体化建设、拓展育人空间、形成协同效应，才能更好地落实立德树人根本任务，培养德智体美劳全面发展的社会主义建设者和接班人。

在中国共产党成立 100 周年之际，中共中央、国务院印发了《关于新时代加强和改进思想政治工作的意见》（以下简称《意见》），《意见》明确，新时代加强和改进思想政治工作的指导思想是：以习近平新时代中国特色社会主义思想为指导，全面贯彻党的十九大和十九届二中、三中、四中、五中全会精神，增强"四个意识"、坚定"四个自信"、做到"两个维护"，紧紧围绕统筹推进"五位一体"总体布局和协调推进"四个全面"战略布局，坚持稳中求进工作总基调，围绕巩固马克思主义在意识形态领域的指导地位、巩固全党全国人民团结奋斗的共同思想基础这一根本任务，自觉承担起举旗帜、聚民心、育新人、兴文化、展形象的职责使命，把思想政治工作作为治党治国的重要方式，着力固根基、扬优势、补短板、强弱项，提高科学化规范化制度化水平，充分调动一切积极因素，广泛团结一切可以团结的力量，为人民服务，为中国共产党治国理政服务，为巩固和发展中国特色社会主义制度服务，为改革开放和社会主义现代化建设服务。

2.观点内涵概括

由上可见，全媒体环境下新型高校思想政治教育观与学生观的内涵可以概括为：坚持以习近平新时代中国特色社会主义思想为指导，紧紧围绕统筹推进"五位一体"总体布局和协调推进"四个全面"战略布局，坚持和加强党的全面领导，充分发挥中国特色社会主义教育的育人优势，以立德树人为根本，以理想信念教育为核心，以社会主义核心价值观为引领，以全面提高人才培养能力为关键，强化基础、突出重点、建立规范、落实责任，构建内容完善、标准健全、运行科学、保障有力、成效显著的高校思想政治教育工作质量体系，形成全员、全过程、全方位育人格局，切实提高工作亲和力和针对性，着力培养德智体美劳全面发展的社会主义建设者和接班人，着力培养担当民族复兴大任的时代新人，不断开创新时代高校思想政治工作新局面。由此，充分发挥大学生在思想政治教育中的主体地位与积极性、主动性和创造性，以及充分利用全媒体服务于思想政治教育是时代的要求。

3.突出强调的原则

根据一般的理论，高校思想政治教育的原则主要包括：方向性、主体性、层次性、求实性、民主性、渗透性、示范性和激励性等。通过收集、整理、分析和归纳，从多份党和国家有关思想政治教育的文件，概括出了几个十分具有时代意义的原则如下：

其一，针对性与有用性。思想政治教育必须把握矛盾特殊性，必须在教育的对象和解决的问题上，坚持"有的放矢"的"靶向"针对性，同时又要注意"坚持解决思想问题与解决实际问题相结合"的实际有用性，一切为大学生着想，针对实际的困难、困惑，诸如就业、人际交往等问题积极地进行引导、疏导，实实在在地为大学生排忧解难。

其二，实践性与创新性。"苟日新，日日新。"习近平总书记在庆祝中国人民解放军建军90周年大会上指出："实践发展永无止境，认识真理永无止境，理论创新永无止境。"现阶段的高校思想政治教育务必坚持实践创新。只有坚持实践创新，思想政治教育才能充满生机；只有坚持"实践育人"，才能把大学生培养成创新型人才，适应未来社会发展的需要。

4.拓宽研究视角

环境必然影响思想政治教育，今后的研究可拓宽视角，着眼于环境影响大学生思维方式的机制，外部网络等媒体的负面投射，微信及微博的舆论影响，"段子化"的情绪表达方式和实时化、移动化的传播模式等内容。目前，我国高校正处于转型的关键时期，而对于高校思想政治教育客体的研究多停留在经验总结层面，今后可通过横纵向的实证研究把握高校的特征，总结出一般的适用规律。

二、新型思想政治教育内容体系

（一）高校思想政治教育的一般内容体系

1.现有课程的微观内容

按照现行的课程设置方案，高校思想政治教育系统的内容体系一般由五个部分组成：其一，世界观教育（包含辩证唯物主义与历史唯物主义）；其二，政治观教育（包含基本国情、党的基本路线、爱国主义与形势政策）；其三，人生观教育（包含理想与前途教育、人生价值观、成才教育、艰苦奋斗精神）；其四，法治教育（包含社会主义民主与法治、遵守纪律）；其五，道德观教育（包含职业道德与社会公德、家庭道德等）。

2.现有课程内容的局限性

在实际的高校思想政治教育过程中，由于国内外形势与国内政策不断变化，而教材不可能每日、每月或每年更新，教师所依据的教材内容肯定会相对滞后，而且思想政治教育学科教材因缺少案例而略显空洞，教师自身的综合学科知识比较缺乏，部分教师的全媒体素质较低。因此，高校思想政治教育的内容的鲜活性、可读性与针对性不强、理论联系实际"管用"的内容不足，很难满足大学生的实际需求，急需进行教材内容与讲授内容的创新。

（二）全媒体环境下思想政治教育内容体系的完善

随着国际形势的不断变化、市场经济改革的纵深推进、科技的日新月异与全媒体技术的加速开发和应用，高校思想政治教育内容需要与时俱进地更新、拓展、补充，其内容体系也需要不断地完善。

1.编写教材要求务实

高校思想政治教育教材内容的编写，务必紧密联系国情、联系实际、联系学生、联系生活、联系热点、联系学生的常见"问题点"，这是保证教材的思想性、针对性与实效性的前提。

在高校思想政治教育课程建设的总体设计上，必须让大学生"真心喜爱、终身受益"。高校可以采用全媒体的表现形式让内容丰富生动，实施课程"体系创新计划"。

2.教授内容不能"干瘪"

由于专业结构的限制，教师自身的专业功底一般都很雄厚，但其学科面相对较"窄"或单一，导致其教授的思想政治理论课的内容较少，甚至是教条与枯燥的。

由于职业身份的限制，高校思想政治教师不能够从事多种职业或多种社会活动，自然也就不能获得各种职业或社会活动的感性知识或理性知识经验；加之大学生未来发展的方向或从事的职业是不尽相同的，其现实或未来的需求也是多种多样的，教师原有的思想政治教育知识，现在已经显得有些"捉襟见肘"了，原来的知识储备已经很难满足全媒体环境下大学生对新知识的需求了。比如，有的教师没有学习与思想政治工作直接相关的心理学，没有理财经验，没有接触过直销（区别于传销），没有网购的实践，没有签订劳动合同的经验，没有企业人力资源管理的经验，但高校思想政治教育的内容却囊括了上述所有的内容。

因此，教师虽不是天才，但也不能不把自己培养成全媒体环境下高校思想政治教育的综合型人才或"通才"。否则，与大学生讨论的时候会出现"卡壳"、尴尬的局面，更无法"知彼（学生）"，也就无法肩负起"教书育人"的神圣职责与历史使命。

3.教育内容结构要优化

发展高校思想政治教育，首先，要优化与改革教育内容。以往的教育内容大多是课本上的固定思想和理论，教师主要采用简单重复的授课方式。在全媒体环境下，新媒介无论是在教育手段上还是在信息传播上都有着极大的优势，所以需要高校思想政治教育工作者把重点放在内容结构优化上。整个教育内容需要以课本为核心，使教学内容的理论性与实践性完美结合，用以克服教育内容抽象晦涩的缺点。因此，优化思想政治教育的内容结构首先要贴近社会现实，不能局限于课本，要贴近时代，把握时代特征。当下的主流政治思想就是社会主义核心价值观，这不仅是对个人更是对社会的一种理想化要求，需要大学生理解并践行。其次，优化思想政治教育的内容结构要贴近专业要求。培养有道德的人是大学生专业教育的前提，高校应加强思想政治教育与专业教育的紧密联系，实现为社会培养有道德的职业人才的目的。最后，优化思想政治教育的内容结构要贴近大学生实际，每一个重点内容的讲解最好以社会实例为引子，因为社会发展对大学生本身的影响是深远的。我国很多高校在进行思想政治教育时都会引用"感动中国"中的部分先进例子，这些都是教育教学的重点参考材料，所以高校教师可在思想政治教学中插入类似的内容，从而拉近课程理论与大学生的距离。

4.教育内容需要创新

（1）内容创新的着眼点

基于对大学生现在的生活或未来发展可能出现的问题的现实思考，教材或教师的教授还应该增补或者扩充一些与大学生的学习、生活或未来职业生涯密不可分的"管用""适用"（强调针对性）与"实用"（强调实效性）的知识，这既有助于教师能够很好地"知己"又"知彼"，适应大学生全面发展的内在需求，也是思想政治教育课程内容设置的应有之义。

（2）内容的增加与强化

大学生在毕业时面临工作或生活的问题，如劳动合同问题、租房问题、购房问题、理财问题等。因此，教师需要在教育内容中增加诸如炒股与期货等金融理财知识，增加并突出诸如借贷、买卖与租赁合同等合同法知识，增加企业选项与公司设立的常识、电商创业与相关法律知识、公务员或企事业单位招考应聘就业技能等。除此之外，教师还要强化学习劳动合同法或者治安管理处罚法、消费者权益保护法与婚姻法、学生意外伤害条例与网络道德法规等。比如，在讲授见义勇为、拾金不昧行为的时候，教师需要熟练地应用所学的法律知识讲清楚见义勇为中的正当防卫与防卫过当问题、拾金不昧中报酬索取的权利问题。

高校可以尝试性探讨和开展"思想政治教育危机管理"的研究；高校要强化对教师与大学生的"全媒体素质"教育；高校要加强传授行政文秘事务常识、旅游道德修养知识；高校要教育大学生自尊自重和洁身自好；高校要加强网络安全教育与人身安全教育。

（3）增补内容的教与学

对于上述增补或需要强化的内容，可以设置多个"小课程"，并要求大学生必修或单独开设选修，给予一定的学分；也可以在必修课程中联系或者渗透上述相关的增补内容。由此，可以调动大学生根据自己的现实情况、未来发展的需要，对这些"小课程"进行适应性的必修或选修，从而调动其自主接受思想政治教育的积极性、主动性和创造性。

第二节 全媒体环境下高校思想政治教育的
方式方法创新实践

一、高校思想政治教育的基本方法

（一）高校思想政治教育方式方法概览

在整个高校思想政治教育系统中，教育方式方法也是不可缺少的重要组成部分。现阶段，高校思想政治教育的方式方法一般包括：比较鉴别法、实践锻炼法、理论灌输法、榜样示范法、自我教育法及咨询辅导法等。在实际的思想政治教育活动中，这些"母"方式方法又滋生出各自的"子"方式方法或微观具体的方式方法，这样，在完成高校思想政治教育任务的过程中，"母"与"子"共同作出了不可磨灭的贡献。

（二）高校思想政治教育方式方法微观

关于高校思想政治教育的方式方法问题，通过整理党和国家的有关文件资料，也可以归纳出一些常规性的微观具体方法。

高校思想政治教育要坚持课堂与课外、教学专题与讲座、请进来与走出去相结合，围绕重大节日开展自我教育、座谈会、研讨会、志愿者活动等；要积极组织专家讲座、报告会、论坛、演讲、座谈会、研讨会、文艺演出等活动；要参加社会实践，包括军训、社会调查、志愿服务、公益活动、扶贫开发、社区服务、"红色之旅"等；要开展素质拓展训练，设立专门的职业生涯设计机构，积极开展就业前的见习活动。

上述方式方法中，报告会、座谈会、研讨会仍然是高校思想政治教育方式方法的"重头戏"，而军训、劳动依然是高校思想政治教育方式方法的"顶梁柱"。与这些活动相关的文件虽然也涉及新的网络教育方式，但从总体上看，绝大多数还保持着全媒体出现之前的状态，与传统媒体下的思想政治教育方式方法似乎是浑然一体的。

二、全媒体环境下高校思想政治教育方式方法创新

（一）全媒体环境下高校思想政治教育方式方法的更新

近些年，随着科技的进步、全媒体技术的发展，党和国家积极倡导有关高校思想政治教育新的方式方法。比如，中国共产党中央委员会宣传部（以下简称"中宣部"）和中华人民共和国教育部（以下简称"教育部"）倡导应用互联网信息技术，拓展教育空间，创新教学方法；要求建设与形势和政策教育相关的专栏或网页，组织网上教学与讨论等。

教育部倡导建设"大学生就业见习行动网"，强化网络思想政治教育功能；构建与用人单位间的"就业创业平台"；鼓励"牢牢把握网络思想政治教育主动权"，"积极开展网络思想政治教育活动"；深入实施"网络文明工程"，开展网络道德方面的问题辩论、网页制作竞赛等活动。

中宣部和教育部又要求探索符合教育教学规律和大学生特点的教学方法，提倡启发式、参与式、互动式、案例式、研究式教学。同时，重视发挥多媒体和网络等信息技术的重要作用，倡导在教学中使用新技术、新手段，逐步实现教学手段现代化，形成网上网下教学互动、校内校外资源共享。

因此，高校思想政治教育方式方法的改革与科学技术的进步如影随形：全媒体的发展、全媒体技术的广泛应用催生了高校思想政治教育方式方法的不断更新；在党和

国家创新政策的倡导与支撑下，网络思想政治教育的观念开始逐步深入人心，互动式合作交流、富有全媒体网络特点的高校思想政治教育方式方法打上了时代的烙印并逐渐被推广盛行。

（二）全媒体环境下高校思想政治教育方式方法的完善

1.重视教育网络的组织管理

全媒体教育平台需要高校在发展阶段逐步建立，如思想政治教育门户网站、思想政治教育网络交流平台等。这些平台的信息量较大，需要专业人员进行管理，定期同大学生交流，在吸引大学生关注的同时向大学生传播思想政治教育理论，发布一些主流新闻信息，让大学生在和谐的网络环境下完成课堂外的自我教育，这也是全媒体的一大优势。

2.增强媒介素养教育

全媒体环境下，身处其中的人和工作都不能摆脱它的影响，人与媒体之间的关系成为这个时代的一种属性。同时也意味着各高校应正视全媒体在思想政治教育中扮演的角色，增强媒介素养教育。

（1）加强大学生的媒介素养教育

对大学生而言，重点是"触媒素养"教育，尤其是对于那些个性张扬、自主性强的大学生，应提高其媒体信息的基本警觉性，培养其健康理性的媒介批评和鉴别能力。

（2）加强教师的媒介素养教育

首先，增强高校思想政治教育工作者对于各种信息的筛选和辨析能力，掌握媒介信息解读的正确视角，辨别媒介信息的真伪。其次，教师应关注大学生的思想动态，特别是大学生与全媒体接触的情况，及时阻止错误思潮给大学生带来的侵害，及时给予正确引导和回应，帮助大学生树立正确的价值观和理想。最后，教师应及时了解全媒体的发展动态，熟悉全媒体的技术和功能，并在高校思想政治教育中熟练运用。

高校可根据实际情况，建立一个全面的、系统的考核体系，根据不同的岗位和工作需要，考查高校思想政治教育工作者对于全媒体技术的运用情况，并以此为依据加强媒介素养教育培训。

3.政策的激励

在开展高校思想政治教育工作的问题上，教育部积极地鼓励要大胆创新，不断探索高校思想政治教育的新招、实招和硬招。

中国共产主义青年团中央委员会更是明确指出，要创新高校思想政治教育的内容、形式、手段和载体，不断提高思想政治教育的针对性、实效性和吸引力、感染力。

4.注重形式创新

大学生思维更为活跃、更为自主，在条件支持的情况下，高校应充分调动大学生的创造性，尊重大学生的个性化需求，鼓励大学生"自我教育"，形成民主、自由、平等的育人模式。

全媒体环境下，推动线下互动。基于大学生"朋辈"之间相似的心理，在操作层面可开办"马克思主义读书会""党员朋辈结对子"等活动。结合本身特点，高校可借助自身优质的资源和师资，进行院与院之间的党团活动、社团活动。而且大学生一般都比较务实，在毕业后会立即投入工作，高校可推动校外协同配合，促进多主体共同参与，整合优化校内外资源。

基于全媒体技术应用的操作层面，高校思想政治教育工作者要自觉提高对于全媒体技术的运用水平，如能够利用微信、QQ、微博等，多形式、多渠道地掌握大学生的动态，并形成良好的互动。高校思想政治教育工作者还可以利用全媒体多样的形式探索高校、社会、家庭之间的共同教育策略，促进家庭教育工作的信息化，使家长可以通过全媒体了解学校、了解教师、了解学生。

高校思想政治教育工作者应将传统与全媒体相结合，整合线上与线下思想政治教育资源，为大学生提供更多更好地享受高校、主体院校和校内、校外优质教育资源的机会，打造有主导、多形式、无边界的育人平台，使思想政治教育工作充满吸引力、感染力和辐射力。

5.更新思维，做实工作

对于高校思想政治教育工作者而言，全媒体不仅是教育教学手段的更新，更是思维上的革命。互联网的广泛应用使互联网思维已经成为全媒体环境下影响和塑造大学生思想意识的一种思维特质。封闭、僵化、"背、写、考"的"文本教育"思维已不适合大学生开放、多元、活跃度高的特征。互联网思维是一种"以人为本"的思维，强调开放透明、平等参与和去中心化，具有平等性、互动性、开放性、合作性等特点。

高校毕竟不是网校，在全媒体环境下思考应对策略的同时，仍要坚守育人的根本，做实思想政治教育工作者的本职工作。高校应发挥思想政治教育工作者与大学生面对面交谈、切身实地地参与大学生生活的优势，弥补线上活动的人情疏远的缺憾。同样，对于独立院校的大学生，高校思想政治教育工作者更应该持有尊重的态度，让大学生以平等的身份参与育人系统工作，推动教育主体与教育客体间"交互参与"育人机制的构建。高校应注重以人为本的"人本教育"，围绕大学生的行为特点、思想道德、心理素质、兴趣爱好等，使思想政治教育模式由封闭走向开放互动，由完全的灌输状态进入"后喻时代"的互相学习。高校思想政治教育工作者应本着"育人"的目的，做实本职工作，发挥教师主导作用和大学生的主体能动性。

6.务实地开展实践创新

在"针对性""有用性"及"实践性"原则的指导下，高校思想政治教育方式方法的创新，务必做到心系大学生，从宏观思考、微观入手，力求"管用"。

（1）深化"实践锻炼法"

应用全媒体技术，大力推行与大学生现在或未来利益紧密关联的系列专项情景模拟（也可以是网上模拟）或实践活动，如模拟签订民事借贷合同，模拟订立租赁合同、购房合同或劳动合同，婚前财产登记，参加法院庭审。高校要让大学生"在战争中学会战争"，如学习和模拟公司的策划和筹办，加强"四防"（防盗、防骗、防扰、防伤）工作。

（2）强化"咨询辅导法"

心理咨询不能够"浅尝辄止"或"单打独斗"，而要根据大学生的个体实际，综合运用心理咨询的方法为高校思想政治教育服务。从某种意义上说，心理咨询就是思想政治教育的"孪生兄弟"。

（3）积极细化分类培训与专项指导

首先，要根据大学生的实际情况进行需求分类，如健美健身、美容瘦身、创业（网店、营销、加盟连锁等）、金融投资理财、交友、礼仪、国学、情感、法务、写作、琴棋书画等；其次，开展专题讲座、举办俱乐部等，让大学生在自主选择的项目中愉快地接受教育。

（4）积极开展人生体验

根据大学生的实际情况，参考大学生的身体因素，积极举办室内或野外强训、挫折体验（抗挫体验）或训练、成功体验、失败体验、破产体验，开展抗压力、抗干扰、失恋、失业体验，开展痛苦、人际关系紧张及生命体验等，让自我教育在大学生的感受下不知不觉地进行，真正达到潜移默化的效果。这些活动也可以与社会专业机构合作展开。

（5）创新职业教育服务机制

构建大学生职业教育的"全程动态指导服务体系"，成立专门的职业生涯设计指导机构，举办创业方面的分类专项培训与指导，如开展网店与电商运营常识培训、开设应聘技巧辅导等。高校通过全媒体技术及时与求职大学生互动、及时了解和解决求职疑难，收集整理"就业指导问题集"，反思指导工作。高校还要帮助大学生设计职业生涯规划：自己想做什么，能做什么，现在已经做了些什么，发展方向如何，等等。同时，大学生要注意防范网络招聘骗局，要注意合同的签订、试用期、不被扣押证件物品等。

（6）坚持具体问题具体分析的针对性原则

针对大学生的突发性问题，要注重平时对大学生的观察、了解，因为偶然性是必然性的结果。针对部分大学生的网瘾问题，可以寻找网络中的兴趣点与现实生活中的兴趣点的统一，在大学生的学习、生活中激发其正能量，要用案例教育、心理厌恶疗法、实践活动或集体活动对其进行教育、引导，情形严重的需要进行强制性戒瘾。高校要教育大学生在网上慎重交友，要防止网络诈骗，带大学生参观监狱、戒毒所等，让正在服刑的网络诈骗罪犯现身说法。针对大学生简单拼凑论文的问题，可以通过集体或者个别传授论文写作方法的途径加以解决。针对牢骚满腹、迷失方向的大学生，要抓住大学生的闪光点切入，先将大学生分类，再综合会诊，分类指导矫正，鼓励其健康交往。

针对重点、热点、常规性问题，包括婚姻爱情、职业方向、人际关系、经济贫困、攀比与高消费、求职、学习等，可先将其分类，再针对性地进行具体指导，要将普遍指导与重点指导相结合、批量教育与零散教育相结合。针对网络文明问题，高校需要为大学生普及网络法规，让大学生注意反"水军"、不盗号、群发短信不带敏感字眼等；要维护网络民主，组织开展与大学生生活密切关联的集体活动，如辩论、拍摄"微电影"等。高校要尊重大学生的主体地位，就必须使教育的内容密切联系大学生的生存与发展，让大学生成为活动的组织者、领导者；要充分发挥教师的主体地位和主导作用，就必须把教师的教育教学与考核、激励与晋升等紧密结合。

7.研发高校思想政治教育手机 APP

移动互联网技术的发展使智能手机处于媒体发展的前端，各种手机 APP 不断涌现。高校思想政治教育也应该顺应时代发展潮流，与时俱进，研发出高校思想政治教育手机 APP。手机 APP 可以整合不便于网页浏览的资源、图书馆的教学资源、课堂上的教学资源及教师资源，让大学生和教师打破时间和空间的限制，及时获取高校思想政治教育的信息。高校思想政治教育手机 APP 创新了思想政治教育的平台，整合了思想政治教育的内容，提高了思想政治教育的实效性。利用手机 APP 进行思想政治教育是一种全新的开放式教育，大学生可以随时随地登录平台阅读相关内容，使思想政治学习更加方便快捷，大大地提高了思想政治教育学习的自主能动性。

研发高校思想政治教育手机 APP 时，选取的内容一定要符合大学生的兴趣，贴合实际，寓教于乐，让大学生在轻松愉快的环境中接受教育。为了方便管理，大学生可以用学号注册，这样也可以方便师生之间、同学之间交流，上课时如果遇到不理解的问题可在 APP 上向教师提问，教师布置的作业也可通过 APP 提交。高校思想政治教育手机 APP 可以根据大学生的需要设立不同的内容，包括图书板块、新闻板块、交流沟通板块、游戏板块、视频板块等。依托 APP 的这些板块，就可以对大学生进行全方面、多层次的思想政治教育。

（1）图书板块

全媒体环境下，电子书成了大学生喜闻乐见的阅读方式。高校思想政治教育手机 APP 可以设计一个思想政治教育图书阅读的板块，将图书馆中与思想政治教育相关的书籍以电子书的形式放在这个板块中，这既方便了大学生的阅读，也解决了有时候借阅图书的大学生太多，需要排队等待的问题。此外，高校还可以将国家相关文件放在这个板块内，让大学生可以及时了解。

（2）新闻板块

高校思想政治教育手机 APP 中的新闻一定要贴合大学生的生活和思想政治教育两个方面，要具有针对性。高校可以选取校园或者大学生身边的新闻时事，及时更新学校的思想政治校园文化活动，让大学生及时了解与参与。

（3）交流沟通板块

能否有效地实现师生之间的交流沟通是影响思想政治教育效果的一个关键因素。交流沟通板块可以设置名师板块，里面有各个思想政治教育工作者的联系方式，这有利于大学生更加便利地请教教师。一方面，大学生在课堂上不敢面对面向教师提的问题可以通过手机 APP 向教师提问；另一方面，教师可以发布一些重要的专业知识，加强大学生的学习效果。

（4）游戏板块

寓教于乐是高校思想政治教育手机 APP 的一个重要特点，高校可以设计一些积极向上的小游戏，既富有娱乐性，又有助于大学生树立正确的道德价值观。

（5）视频板块

当前，高校思想政治教育课程时间有限，许多教师在课堂上可能没有时间让大学生做笔记，加上大学生很少预习、复习思想政治教育课本，所以在课堂上对课本内容掌握得也不够清楚，经常存在上完课后就忘记了的现象。视频板块的设计则很好地解决了这个问题。教师可以将自己上课的视频、课件上传到这个板块中，方便大学生课下学习。还可以放置名师讲课视频、红色教育视频等，让大学生更好地进行思想政治教育。

（三）全媒体环境下高校思想政治教育方式方法创新的实例

大学生的理想信念教育是思想政治教育工作的重要内容，也是多年来开展相关工作的难点。如何将正确的理想信念传递给大学生，并能入脑、入心，一直是高校思想政治教育工作者探讨的课题。

2013 年以来，北京地区高校深入推进中国梦宣传教育。与以往的灌输式教育不同，在中国梦主题教育工作中，这些高校力求贴近大学生的思想、行为方式，在主题教育的过程中采取了传统方式与全媒体应用相结合的方式，成为全媒体环境下高校开展思想政治教育较为成功的探索。

1.案例简介

2013 年以来，北京地区高校按照中共教育部党组和北京市教育委员会的部署安排，全面开展中国梦主题教育活动，通过宣讲会、座谈会、研讨会、各类校园文化活动使中国梦深入人心。一些高校在活动中发挥了思想政治理论课教学主渠道的作用，引导大学生深入学习领会中国梦。清华大学马克思主义学院副院长肖贵清在"毛泽东思想和中国特色社会主义理论体系概论"教学中布置了以中国梦为主题的课堂作业，挑选部分作业让大学生交流讨论；北京交通大学利用思想政治理论课课前十分钟进行以中国梦为主题的宣讲。

与此同时，不少高校在开展活动的过程中，积极运用网络、社交平台、影视等全媒体记录、传播、分享梦想，增强中国梦宣传教育的亲和力和感召力，得到了大学生的广泛欢迎和积极参与。对外经济贸易大学将中国梦主题教育活动与深入学习贯彻党的十八大精神紧密结合起来，设计了多种形式的主题活动，加大力度制定了多种媒体立体交叉的宣传方案。北京师范大学中国文化国际传播研究院主办了中外大学生暑期 DV 交流活动，吸引海外大学生用 DV 记录中国梦。北京大学以"青春·创意·梦想"为主题，举办了十佳微电影大赛，鼓励大学生以故事片、宣传片、纪录片、音乐片等多种形式进行创作。

2.案例分析

大学生群体是一个思维活跃、思想前卫、勇于尝新的群体。全媒体环境下，新的媒体形式迅猛发展，理想信念教育面临新的挑战。从传播内容来看，信息海量，良莠不齐；从传播方式来看，渠道多样，及时便捷；从传播对象来看，个性突出，主体意识强。调查显示，北京地区高校集中开展的中国梦主题教育活动取得了很好的效果：大学生知晓度高、参与度高、认同度高、美誉度高，为全媒体环境下高校思想政治教育至少积累了以下两方面的经验：

（1）充分发挥新兴媒体的优势

目前，作为微信载体的手机，已经成为人们接触信息的主要途径之一。

作为思想活跃、适应性强的大学生，他们对于全媒体的依赖程度在社会其他群体的平均值之上，多位高校辅导员曾反映，当今大学生基本处于"离不开手机"的状态，"宁愿不带身份证、校园一卡通也不能忘带手机"。因此，通过大学生获取信息的渠道来输送信息、开展教育，将成为新形势下高校思想政治教育工作的重要方式。北京地区高校在中国梦主题教育活动中，根据当代大学生获取信息的特点，大胆使用了全媒体，充分发挥了新兴媒体的优势。

在本案例中，对全媒体利用最为充分的是北京科技大学，通过"M-北科大青年"手机报、中国梦特刊引导大学新生通过手机报、微博、微信等渠道进行讨论。不仅如此，在学校关注的微信朋友圈、新浪微博和校园手机报上建立"梦想频道"和"晒梦空间"，引领大学生积极树立梦想。

除北京科技大学外，不少高校都在中国梦主题教育活动过程中使用了全媒体。从当前情况来看，对全媒体的挖掘尚有较大空间。如微信平台上的订阅号、公众号等，都可以作为引导教育的途径之一。采用耳目一新的途径和方法，或许更能够被大学生所接受。

（2）采用多种媒体形式打组合拳

采用多种媒体形式打组合拳是当前高校思想政治教育工作的有效手段。根据本案例可知，除全媒体外，大部分高校都采用了多种媒体共同开展主题教育活动。高校采取的媒体形式主要包括：专题网站、DV 交流、微电影、手机报、微博微信、社交网络、情景剧七种形式，使得线上、线下的活动丰富多彩。

多种媒体形式应用于中国梦主题教育活动凸显了在新形势下对大学生开展理想信念教育的优势。

首先，形式多样更能够最大限度地覆盖大学生不同的兴趣点。当前大学生的性格多样、爱好广泛、兴趣不一。一些大学生习惯通过手机平台开展社交活动，也有一些大学生习惯参加微电影拍摄活动，通过情景剧等形式参加活动，采用多种媒体形式开展统一活动，增强了活动的吸引力。

其次，形式多样更能吸引大学生。大学生更容易接受、更喜欢什么样的信息输送？当前不少高校辅导员反映，对于一些教育活动，大学生看重形式多于内容，如果提供的形式是多种多样的、有趣的，往往更能吸引他们参与。因此，对同一个教育活动的推送采取不同的形式，更能够吸引大学生广泛参与。

最后，采用多种媒体形式，能够从不同层次、不同角度阐述中国梦的内涵和意义。不同的活动参与形式使得大学生加深了对中国梦的理解，从而达到润物无声的效果，更好地号召师生成为中国梦的逐梦人、实践者，帮助师生树立力争上游的理想信念和价值观念。

第三节 全媒体环境下高校思想政治教育的模式创新实践

一、全媒体环境下高校思想政治教育的共享社区模式

全媒体环境下，高校思想政治教育需要建立共享社区模式，以大学生为主要受众，着眼于高校实际，利用其知识共享、生活共享、资源共享的特点，积极开设有吸引力和针对性的教育课程，实现教育联动。高校思想政治教育工作者要相互联系，掌握社会发展方向，共同制定教育教学方案。同时，将教学内容融入其中，利用共享社区就大学生感兴趣的问题展开交流，进而增强高校思想政治教育的感染力和吸引力。无论是本校内部还是其他合作院校，均可以通过网络实现信息共享，这样不仅可以完善自身的方案，还能找出自身教育教学中的不足。共享模式不仅存在于教师之间，教师与大学生之间也需要共享信息、交流互动。高校思想政治教育工作者应更多地了解当代大学生的主流思想，构建知识性、趣味性和思想性共存的社区校园，为大学生提供丰富多彩的思想政治教育资源，从而制定更具针对性的教育方案。

综上所述，高校思想政治理论课教育应针对全媒体环境下思想政治教育遇到的新情况，不断推进思想政治教育改革，适应全媒体环境，以更好地转变教育观念和优化内容结构，从而提高高校思想政治理论课教学的实效性。

以下针对全媒体环境下高校思想政治教育的共享社区模式进行了具体阐述。

（一）主要特点

基于以上对高校思想政治教育共享社区模式提出的描述，有关学者认为该模式具有以下四个特点：

1.知识共享

作为高校思想政治教育共享社区，它所要共享的知识更多的应当是思想道德方面的，如大学生必须遵守的基本的道德规范、政治制度等。此外，高校思想政治教育共享社区还应包括对于思想道德修养及个人品质自我提升的方法的传授。也就是说，在高校思想政治教育过程中，每个主体都会成为教师，告诉他人自己是通过何种途径、方式和方法取得某种良好品质的。这种共享不仅会直接指导他人，而且会产生重要的示范和激励作用。

2.生活共享

现代社会，生活节奏加快，竞争激烈，人的精神生活相对贫乏，人们有着分享体验、经历、情感的强烈愿望。共享社区为当代大学生提供了一种描述体验和分享体验的场所，他们可以在这里相互倾诉、交流，在彼此体验和情感的共享中感受人生、体味心灵的美。高校思想政治教育共享社区中描述的体验是和鲜活的实际生活体验紧密联系的。因此，高校思想政治教育共享社区必须关注那些不在场的因素，让它们同样发挥对大学生自身及他人的教育作用。

3.资源共享

在高校思想政治教育长期的实践中，教育资源的利用实际上存在着三种状况，即先有再用、先用再有和只有不用。全媒体环境下，社会信息传递正由历时传递转向共时传递，高校思想政治教育工作者已经失去了获得信息资源的优先权与垄断权，资源的开放性、交互性已成为时代的显著特征。高校思想政治教育共享社区改变了思想政治教育资源管理的封闭局面，利用主体的范围拓展，充分实现了思想政治教育资源的应有价值。在高校思想政治教育共享社区里，书本、报纸杂志、师生课堂讲述与对话、日常交往行为过程、网上教育资源、教师与大学生的微博等，都成为开放性的资源，以供大学生利用或借鉴。共享资源的开发利用使有利于高校思想政治教育目的和目标实现的各种要素都被视为思想政治教育资源的重要组成部分。

4.过程共享

在高校思想政治教育问题上，每个大学生都是主体，每个大学生都有关于思想政治教育的体验、情感、认知、行为等，只要这些体验、情感、认知、行为能够达到在内容上相契合的程度，高校思想政治教育就可以真正成为共享的过程，这种共享也会极大地促进高校思想政治教育的效果和效益的提升。

高校思想政治教育的正面体验和大学生个人幸福是一致的，促进大学生的全面发展和大学生个人幸福的获得是高校思想政治教育的根本目标和价值体现，同时，大学生个人幸福的获得亦是高校思想政治教育效率提高的动力和有效手段。高校思想政治教育共享社区提供了这样一种情景：大学生在相互倾诉、交流的同时，去感受这个交流过程中的幸福，体验这个交流过程中的快乐，一起共享生活与人性中的美好，从不同的角度欣赏每一种存在方式。正是这种积极、正面的共享式的过程体验有效地增强了大学生的自信心，使他们的道德情感在愉快的共享情景中得到升华，从而使得高校思想政治教育的效率也得到了提高。

（二）组织结构

1.核心领导层

核心领导层是指整个社区中定义前沿问题的人或者组织，是管理层的思想领袖，可以由具有丰富经验、德高望重的思想政治教育专家或者专家团组成，他们将引导整个社区的发展方向。

2.管理执行层

管理执行层负责整个社区的日常运作，可以分为信息协调员和全媒体支持服务人员，以辅导员、思想政治理论课教师、学生干部、毕业生党员为骨干，负责整合、编辑面向大学生的相关信息。协调员一般由组织中受人尊重的成员担任，他们的任务是将先进的思想或者核心专家的意见进行分解、吸收，协调与外部专家及各级领导的工作等，并且归纳、整理在社区中挖掘或者产生的新知识。全媒体支持服务人员则负责系统的维护和更新等。

3.学习共同体

学习共同体由很多独立的学习小组组成，可以以班级为单位，也可以以大学生社团为单位，每个社团都是由一些有共同兴趣或者具备相同专业背景的成员组成的，他们在全媒体的环境下自由地讨论，讨论的话题一般是社会热点问题，也可以是自己关心的各种话题。每个社团内部都要选举出2～3名管理员，以大学生干部、毕业生党员为骨干，负责整合、编辑面向大学生的相关信息；他们是具有极强的意志控制力和逻辑思维能力及一定说服能力的人，同时也是受大家尊敬的人；他们的任务是协助社区管理层做好日常工作，审核其他成员的发言，引导学习共同体讨论的方向，以及整理这个共同体小组中各成员的成果等。原则上，每个共同体之间没有固定的界限，成员可以自由进出其他的共同体；集聚各种优势资源，共享共建各种资源，形成一个兼容各层级的学习共同体。

（三）运行路径

1.聚合优质资源，加速共享资源集成化

在高校思想政治教育共享社区里，思想政治教育资源共享主要体现在以下几个方面：

首先，共享优质课程资源。全媒体为思想政治教育课程资源的集聚提供了物质条件。思想政治教育资源有一个集中的过程，包括教材、教案、课件、案例等教学资源的集中和分布式网络所提供的各式各样的学习资源的汇聚。共享社区中的信息协调员，通过各种方法，聚集这些资源，通过整合，形成优质资源。

其次，共享学习经历资源。高校思想政治教育共享社区是以学习共同体为主的，合作与协作都能做到优势互补。

最后，共享学习体验资源。在高校思想政治教育共享社区中，所有人都是学生或者教师，知识是在活动和互动中获得的，思想政治教育更体现了过程性。这种基于媒体化层面的资源集成更加具有人性化，更重要的是能满足每个学习共同体成员的个性学习需求，使每个人都能在共享的环境中渐渐养成高尚的思想道德情操，逐步形成崇高的政治思想素养。

2.构建全媒体多元化平台

传统高校思想政治教育载体的形态可以划分为课程载体、活动载体、管理载体、大众传媒载体、谈话及心理咨询载体等。在高校思想政治教育共享社区里，除了将这些载体进行科学整合，使它们形成合力之外，还要进一步拓展新的思路。为此，高校需要积极探索思想政治教育新阵地，以全媒体为技术基础，构建多元化平台，畅通信息传送渠道，促成思想政治教育常规化，如通过搭建微博平台，促进社区组织各成员之间通过电脑或手机进行多层次、平等性的交流，及时把握大学生动态，广泛开展网络舆情收集。再如通过"心灵驿站"等讨论板块搭建教师与大学生心灵沟通的桥梁。在复杂的多元化背景下，个性张扬的大学生感到郁闷、烦躁时，大多不愿意直接面对面地和教师交流，类似这种情况，高校可以通过在线心理咨询，积极引导大学生树立正确的健康的生活观，帮助他们排解心中的郁闷。时尚新潮的群共享或者讨论组则给学习共同体成员提供了一个大众交流的即时空间，成为他们学习、生活依赖的场所。成员和管理者的共同参与为及时了解和解决大学生学习、生活中的实际问题创造了条件，真正在虚拟的网络世界里架起了一道真实的师生心理沟通桥梁。这种扁平化的方式使高校思想政治教育工作的共享资源发挥了更大的效益。

（四）运行机制

"机制"原指机器的构造、各零部件的功能特性及运转过程中基于一定机械原理的工作方式。后来，生物学和医学沿此类比，用于生理机制、病理机制等概念，以表征生命有机体内部生理或病理变化过程中各器官的功能特性及相互关联、作用和调节方式。"机制"现已广泛应用于自然科学和社会科学的各学科研究之中。在自然科学领域，一般用"机制"表示研究对象各组成部分的有机关联性和运转原理。在社会科学领域，既可以用"机制"表示社会组织的内部构成、运动过程和运转原理，又可以用"机制"表示社会政治、经济、文化等活动中的各组成要素的相互联系及由此规定的作用原理和工作方式。高校思想政治教育共享社区的运行机制是由领导机制、预警机制、调控机制、保障机制、教育机制、激励机制、约束机制等组成的，当前要着力抓好以下四个机制建设：

1.领导机制

领导机制是高校思想政治教育共享社区模式运行机制的关键性环节。中共中央对高校思想政治教育工作的领导机制提出了明确要求，要求高校党委加强对高校思想政治教育工作的领导，校长对大学生的德智体美劳全面发展负责，建立和完善以校长及行政系统为主实施的思想政治教育管理机制。而在实际工作中，真正建立起这种健全的领导管理机制的高校并不多，一般只有党委管理高校思想政治教育工作并组织实施。这种机制使思想政治教育工作与其他工作形成两条平行线，相互独立，难以渗透、融合，难以做到让思想政治教育贯穿教育的全过程，落实在教学、管理、后勤服务的各个环节。全媒体环境下，要想充分发挥思想政治共享社区模式的整体效能，就必须创新高校思想政治教育领导机制，真正形成党、政、工、团、学分工负责、齐抓共管的思想政治教育工作格局。

2.预警机制

预警机制是高校思想政治教育共享社区模式运行机制的保证。全媒体环境下，高校思想政治教育预警机制就是通过多种渠道，准确了解共享社区内的不同时期、不同专业、不同年级学生群体的思想动态和经济状况，分类储存不同信息，建立思想政治教育预警信息数据库，及时发布各类预警信息，增强高校思想政治教育的前瞻性和针对性。一方面，通过 BBS 论坛、网上调查咨询热线、消费信息等形式，了解大学生生活、学习、就业等方面的实际状况，了解他们对社会热点、重大国际国内新闻事件的评价等方面的思想信息，提高教育的针对性；另一方面，通过浏览其他网站 BBS 等形式，及时了解校外大学生的思想动态，为本校的思想政治教育提供有益参考。这样，思想政治教育预警机制通过对校内外各种信息的收集、整理和分析，全面了解大学生的思想倾向和实际困难，及时掌控网上存在的有益信息、片面的思想观点和有害的社会认识及它们可能对主流价值体系的促进或冲击，为共享社区的教育管理部门及早提供应对策略，使不正确的认识和思想及时得到解决，引导高校思想政治教育共享社区模式健康发展。

3.调控机制

调控机制是高校思想政治教育共享社区模式运行机制的重要手段。调控机制是指高校思想政治教育的调控作为一种有目的的教育实践活动，教师采用符合教育要求的调整方法，改善大学生的思想状况和教育环境，使其符合某种要求。全媒体环境下，网络信息庞杂多样、良莠不分。因此，高校思想政治教育应建立他律和自律相结合的监控管理机制。他律就是建立和完善有关规章制度，规范网络动作，加强对局域网、校园网的管理，充分利用现有的监控管理技术，建立信息进出校园网的"海关"，筑起信息防火墙，净化网络空间。自律主要是提高大学生自觉、自愿的网络道德意识，注重大学生的自我管理，注重网络法治意识和责任意识的培养，提高自我服务意识，规范网络行为，培养网络道德自律能力。在具体实施中，应坚持技术监控和人员监控并重的方针，从两个方面入手：一方面，制定监控内容的标准，明确监控的对象或范围，这是实施监控的前提条件；另一方面，实行技术监控与人员监控相结合的政策，大力开发适应高校网络思想政治教育需求的监控软件，培养网络思想政治教育的专职监控员。与此同时，还要根据实际情况，适时地对高校思想政治教育计划和方案进行调节、修正、补充与完善，通过优化调控，使思想政治教育的计划更加完善，内容更具前瞻性，重点更加突出，措施更加得力，方式更加科学，效果更加明显。

4.保障机制

保障机制是高校思想政治教育共享社区模式运行机制的基础。保障机制是指对高校思想政治教育起保障作用的诸要素相互作用、相互影响、相互制约的关联方式。它是一个复杂的系统，能够使思想政治教育工作正常、有序地进行，使思想政治教育的各种计划得到落实。从构建高校思想政治教育共享社区的需要出发，当前应加强四个保障，即内容保障、技术保障、物质保障、环境保障。

（五）评估机制

1.评估内容

全媒体环境下，高校思想政治教育共享社区的评估内容主要包括以下三个方面：
（1）对大学生的评估

对大学生的评估是整个评估系统的中心环节和基础，也是高校思想政治教育共享社区评估的起点。大学生是思想政治教育的接受主体，只有对接受主体的思想品德和行为作出认真的调查研究和切实的评估，才能制订出正确的教育计划并付诸实施。

（2）对高校思想政治教育共享社区运行效果的评估

高校思想政治教育共享社区模式是否有效，是高校思想政治教育共享社区评估的主要内容。对高校思想政治教育共享社区运行效果的评估主要体现在教育目标的实现程度上。虽然高校思想政治教育共享社区功能目标的实现要受到一系列其他因素的影响，但其实现情况主要反映在教师、管理部门和社会的认可度上，具体体现在教师的认可度、大学生的认可度、教育主管部门的认可度和社会的认可度四个方面。

（3）对高校思想政治教育共享社区研究的评估

高校思想政治教育共享社区的发展离不开对共享社区内高校思想政治教育工作自身的经验总结和理论研究。共享社区的高校思想政治教育工作者应该把全媒体环境下的思想政治教育工作当作一门学科进行研究，甚至成立专门的机构，深入网站、网吧、大学生中，开展多角度、多层次的跟踪调查和理论研究，研究大学生在网络上的心理、行为等，促进和引导高校思想政治教育共享社区的健康发展。

2.评估指标

根据高校思想政治教育在教育共享社区模式下的基本构成，可将评估指标分为三级。

一级评估指标：高校思想政治教育共享社区评估指标体系，总分为 100 分。

二级评估指标可分为 7 个主项，具体如下：

（1）对共享社区管理部门的评估，总分为 5 分。

（2）对共享社区大学生的评估，总分为 15 分。

（3）对共享社区教师的评估，总分为 15 分。

（4）对共享社区教育内容的评估，总分为 20 分。

（5）对共享社区运行效果的评估，总分为 20 分。

（6）对共享社区运行过程的评估，总分为 20 分。

（7）对共享社区研究的评估，总分为 5 分。

三级评估指标可分为 7 个主项、20 个子项，具体如下：

（1）对共享社区管理部门的评估：岗位制度（1.5 分）；教育制度（1 分）；工作制度（1 分）；管理制度（1.5 分）。

（2）对共享社区大学生的评估：个体评估（8分）；群体评估（7分）。

（3）对共享社区教师的评估：主体意识（3分）；主体素质（6分）；主体能力（6分）。

（4）对共享社区教育内容的评估：信息资源（8分）；信息内容（8分）；信息更新（4分）。

（5）对共享社区运行效果的评估：个体效果（10分）；群体效果（6分）；环境效果（4分）。

（6）对共享社区运行过程的评估：运行过程载体（8分）；运行过程方法（4分）；运行过程机制（8分）。

（7）对共享社区研究的评估：工作能力（2.5分）；研究能力（2.5分）。

3.评估反馈

（1）增强评估信息的横向反馈

评估信息的横向反馈就是指高校思想政治教育共享社区评估过程各具体环节之间评估信息的相互交流和传递。增强高校思想政治教育评估信息的横向反馈，可从以下三个方面着手：

第一，实事求是，确保评估信息来源渠道符合客观实际，从而保证评估信息反馈的真实性。

第二，加强评估过程各具体环节之间的相互衔接，确保评估信息反馈渠道顺畅，从而保障评估信息反馈的及时性。

第三，完善评估信息系统，搭建评估信息平台，从而确保评估信息反馈的全面性。

总之，只有确保评估信息来源途径真实，评估信息反馈渠道畅通，评估信息系统完善，才能在高校思想政治教育共享社区评估过程各具体环节顺利衔接的基础上，增强评估信息的横向反馈，从而确保高校思想政治教育共享社区评估过程的顺利运行。

（2）加强评估信息的纵向反馈

评估信息的纵向反馈是指高校思想政治教育共享社区评估系统中决策领导部门与指令执行部门间评估信息的相互交流和传递。加强评估信息的纵向反馈，促进评估系统内部决策领导部门与指令执行部门间评估信息的双向反馈，既是增强评估决策指令科学性和指导性的客观需要，也是保障高校思想政治教育共享社区评估过程有效运行的内在要求。

（3）注重评估内外信息的反馈

注重评估内外信息的反馈是高校思想政治教育共享社区评估取得实效的重要一环。这就要求在高校思想政治教育共享社区评估的过程中，不仅要重视评估系统内部信息的反馈，还要重视评估系统外部信息的反馈；只有既掌握评估系统的内部信息，又掌握评估系统的外部信息，才能全面把握高校思想政治教育共享社区评估过程的整体运行状态，并根据变化的环境及时调整评估过程的目标体系，将最新的、最准确的评估信息反馈给评估实施环节，从而保证动态运行中的高校思想政治教育共享社区评估过程要素结构的协调性和整个系统的稳定性。

4.评估修正

全媒体的特点决定了高校思想政治教育共享社区评估活动是动态的，思想政治教育评估信息流在系统中运动、传递，再回到高校思想政治教育评估活动本身，这时候以评估反馈结果对照原来的评估所预定的目标便可能显示出不同的结论：其一，评估结果反馈信息与原有目标一致；其二，评估结果反馈信息与原有目标发生偏差，而这种偏差可能超越了原有指标，也可能未达到原有指标。在这个反馈控制系统中，无论出现哪一种信息，相关工作人员都应该迅速地、准确地将其反馈给评估对象，同时将评估结果抄送相关部门以供参考。这里需要着重指出的是，对那些超越了原有指标或者未达到原有指标的评估反馈，在客观分析的基础上，应当实事求是地加以纠正，最大限度地消除消极影响，然后在实践的基础上进一步完善高校思想政治教育共享社区评估机制，建立更加适合实际需要的高校思想政治教育共享社区评估机制。

二、全媒体环境下高校思想政治教育模式创新的建议

（一）开展网络全方位渗透式教育

全媒体具有较强的价值渗透功能，这为高校思想政治教育由"直接灌输式"教育向"间接渗透式"教育转换提供了有力的技术保障。全媒体环境下，开展全方位渗透式教育既符合现代社会教育尊重多样化的包容性特征，又考虑到了大学生在强制教育

下可能产生的逆反心理，给予其一定的选择空间。高校思想政治教育工作者可以通过各种各样的全媒体形式向大学生进行健康的思想道德观、主流价值观的渗透，通过大学生喜闻乐见的形式对大学生进行思想政治教育，通过大学生喜欢关注的形式传播正能量，充分利用网络平台实现对大学生的教育和感染。全媒体环境下，开展全方位的渗透式教育可以通过创新实践活动、打造校园网络文化、树立榜样示范的方式进行。

1.创新实践活动的形式和内容

高校要联合社会资源积极开展社会实践活动，让大学生深入社会，针对当前社会的热门话题、重点难题积极开展社会调查，参加志愿者活动，努力在切身的实践活动中获得感悟。高校在实践活动中也要积极发挥全媒体的作用，如在校园网、微信公众号、微博、校园论坛设立板块专门用来宣传实践活动，发布实践活动的消息，让大学生发表各种体验心得等。这不但有利于大学生积累社会经验，还能增强大学生的实践能力，有利于加深他们对现在社会问题的理解，增强其社会责任感和主人翁意识。

2.打造以大学生为主体的校园网络文化

高校还可以利用全媒体开展以大学生为主、贴近实际、积极健康的校园文化活动，从而增强大学生的文化辨识能力，创新高校思想政治教育方式。一方面，高校要以大学生为出发点，将校刊校报、校园电台、校园广播等传统的校园媒体和校园全媒体相结合，提升校园文化的感染力和宣传力度，宣传积极的文化思想潮流，抢占舆论阵地，发挥正确的舆论导向，引导大学生接受积极的文化思潮。另一方面，要积极创新校园文化活动形式，利用全媒体开辟校园文化活动的新途径，让所有的大学生都可以成为这类活动的主角。比如，利用微信二维码就可以参加活动，既为大学生参加活动提供了便利，又可以更大范围地让大学生参与校园文化活动，从而增强思想政治教育的感召力。

3.利用榜样示范法，影响大学生的思想道德观念

榜样示范法的理念是指在思想政治教育过程中，通过英雄人物事迹表现出的高尚道德、模范行为来影响大学生，以改变大学生脑海中存在的错误思想、错误认识和错误观点。榜样示范法的教育方式，一般是大力号召大家学习一些先进人物的典型事例，并配有具体的容易被公众接受的各种典型事例进行宣传，把传统枯燥的、单调的理论

讲授与灌输通过一个个具体生动的人物形象进行宣传，这种教育方式更容易在情感上引起大学生的共鸣，使其在潜移默化中提高思想觉悟，在不知不觉中接受这些英雄人物的行为举止和世界观，达到提高个人修养的目的。这种以具体事例进行的宣传和教育对大学生来说更具有感染力和说服力，从教育的效果来说应该是最好的。但是，这些内容和素材的选择是非常重要的，如果没有选择好，就可能会产生负面作用，这也是高校思想政治教育工作者必须注意的关键问题。

比如，在微博讨论平台的建设过程中，可以利用名人的推动效应增进大学生的参与度。在微博这个虚拟环境中，对具有一定知名度的人采取实名制的方式进行身份认证。由于这些公众人物的言论对大学生极具影响力，不可忽视其示范作用。事实上，榜样对青年人的成长具有非常重要的引领作用。因此，高校思想政治教育工作者应该充分认识到这一点，把一些社会名流、英雄人物的事迹纳入微博的范畴进行适度的宣传和思想政治教育。

（二）开拓双向即时的交流空间

全媒体环境下，高校要充分利用全媒体技术创新思想政治教育主客体之间的交流方式，创造双向交流式的教育方式，加强师生间的互动沟通。传播学者李茂政认为，传播除了要重视其回馈以外，尤其要充分彰显其双向的本质。双向交流式的教育模式是指思想政治教育工作者根据社会发展的要求和学生自身发展的需要，有针对性地进行思想政治教育，从而因地制宜地采取合适的教育方式提高大学生学习的自主能动性、积极性和创造性，贴近实际、贴近生活、贴近学生，及时了解大学生的思想动态、情感变化。高校思想政治教育工作者要和大学生建立亦师亦友的关系，建立平等互动的交流方式，从而切实有效地了解学生，努力提高思想政治教育的针对性、实效性及吸引力。在双向交流的教育过程中，大学生不再处于被动教育的客体地位，师生之间互为主体，平等互动，互相理解，从而加强师生间的沟通，提高思想政治教育的效果。开拓双向即时的交流空间要做到以下两点：

1.提升高校思想政治教育工作者的自身素质能力

高校思想政治教育工作的质量与教师自身的能力和教学水平密切相关，教师既是思想政治教育活动的主导者和直接参与者，又是整个教学过程的规划者和监督者。高校思想政治教育工作者只有在行动与思想上和大学生贴近，才能取得大学生的信任，才能更好地开展全媒体环境下的各项基本活动，提高教学效果。

基于此，高校必须加强思想政治教育工作者的素质培养。为适应全媒体时代的要求，应提高思想政治教师利用和管理网络的工作能力，积极培养思想政治教师的网络技术能力，使他们熟练使用教学工作中常用的信息技术工具和网络交流软件，从而熟练地运用网络技术开展思想政治教育教学工作。对此，思想政治教育工作者可以开通个人微博、微信，甚至可以申请个人公众号，在上面进行政治宣传，既可原创内容，也可以转载当下的主流文章，大学生看后还可以留言，以达到紧密联系师生的目的。此外，思想政治教育工作者还应定期参加高校组织的教学培训活动，及时传播中共中央的新指示。对此，思想政治教育工作者需要利用全媒体建立起与大学生沟通的新桥梁，了解大学生的想法，将这些想法融入课堂当中，提高教学的针对性与互动性。

2.鼓励大学生积极参与网络互动

大学生作为思想政治教育的受教对象，他们自身的媒介素养水平会直接影响其认知水平和对媒体的运用能力，从而在一定程度上影响全媒体在思想政治教育过程中所发挥的功效。要提高大学生自身的媒体素养，就要从以下三个方面展开工作：

第一，要将媒介素养教育直接引入大学的课堂。

第二，高校还可以开展一系列与全媒体相关的校园活动，如全媒体知识大赛等活动，这样可以直接增加大学生对全媒体的学习及提高大学生分辨信息的能力，同时也能提高他们的全媒体技术及媒介意识，这也是媒介素养教育的目标。

第三，高校也要建立一套完整的媒体教育评价机制，进行课程评价、运用媒体的能力的评价及自我评价。

（三）完善校园全媒体的监管体系

1.加强网络舆情的收集整理

高校要担负起监控校园舆情的重要任务，做到能够在第一时间准确地把握大学生的心理动态，防止群体性事件的发生，务必将一些危机事件消灭在"摇篮"之中。应对与遏制不良信息的泛滥传播任重而道远，其途径具体来说有以下几个方面：

（1）高校要建立舆情危机事件应急处理小组

全媒体使人们可以在一个非常自由的环境下接收和传播信息，因此信息具有多元化的特点，有用的和无用的、正确的和错误的、先进的和落后的各种信息充斥在大学生周围，大学生应对此有清醒的认识，如果处理不好，就会使大学生的是非观念模糊、社会责任感弱化，极易导致学校和社会的不稳定，从而增加各高校思想政治工作监管的复杂性和艰巨性。大学生心理发展还处在不够成熟的阶段，在各种信息的影响下，心理素质显得不稳定，加之从众心理也比较普遍，他们很难理性地去处理一些敏感话题或者热点问题，容易导致事态发展到不可控的地步。高校通过建立舆情危机事件处理小组，制定校园舆情预案，建立大学生心理档案等措施，在面对应急事件时，能够在第一时间启动应急处理方案，对事件相关大学生进行疏通和引导等方面的心理干预。在事情发生之后，高校要通过相应的思想政治教育网站、论坛、微博、微信公众号，发布权威和正确的信息，在还原事件真相的同时，让大学生了解事态变化，稳定大学生的情绪，稳定校园环境。同时，高校也要借助社交媒体了解大学生的思想发展状况，引导大学生积极正确地处理敏感事件，净化校园全媒体环境。

（2）高校要建立舆情监督机构

高校舆情监督机构要定期登录学校论坛，了解大学生的思想动态，针对消极的言论要找出其原因，并解决问题。同时，对于利用全媒体所发布的信息，高校舆情监督机构应该进行细致严谨的审核，加强有效信息的过滤整合，在有限的范围内加强内容的实效性，提升每一条信息的质量和价值。

2.强化校园网络道德宣传教育

习近平总书记在全国宣传思想会议上指出："坚持团结稳定鼓劲、正面宣传为主，是宣传思想工作必须遵循的重要方针。"现在，很难通过技术手段抵制全媒体环境下的不良信息，并解决对大学生造成的负面影响。因此，高校要加强对网络道德与文明的宣传，积极宣传正确的思想道德观念，普及法律知识，让大学生可以做到明辨是非，自觉抵制不良信息。高校还可以通过开展校园文化活动、主题班会、专题讲座等活动，让大学生了解全媒体环境下不良信息带来的严重危害，从而帮助大学生树立正确的人生观、价值观，动员大学生积极加入网络道德建设和宣传教育的队伍，有效净化全媒体环境。

另外，高校还要发挥学生干部和学生党员的领头作用。学生干部和学生党员在高校信息的传播、扩散过程中起着非常重要的作用，是信息是否有效传播的重要一环。高校可以通过必要的行政手段，培养一支思想先进的学生干部及学生党员队伍，提高学生党员干部的思想政治素养，搭建学生党员干部的活动平台。通过在平台上发布与主流意识形态有关的信息，与大学生进行沟通，发挥学生干部、学生党员的带头作用，把握话语权，从而加强思想道德的宣传教育。

3.提高大学生的网络自律意识

培养大学生的网络自律意识，并不是用一大堆规章制度来强制性地束缚住大学生的实践活动，而是用自律的行动创造一种井然的秩序，从而让大学生的学习和生活取得更大的自由。自律在高校思想政治教育过程中具有积极的意义。

大学生做到自律应该从以下几个方面入手：

第一，强化自我责任意识。大学生要明白"无规矩不成方圆"的道理，增强自己的责任意识、规矩意识，明白必须对言论肩负责任。

第二，通过实践教育提高自己的判断力。大学生要了解事件所表达出来的深层次真相，借以提高自己的判断水平和明辨是非的能力。

第三，要积极提高自己的道德水准。"流言止于智者"，只有自身形成抵抗负面信息的能力，才能在全媒体环境下保持理智，坚守正义。

第六章 高校思想政治教育与中国传统文化的
融合发展实践

第一节 中国传统文化融入高校思想政治教育的
可行性和必要性

中国传统文化与高校思想政治教育的融合既是可行的，也是必要的。具体而言，从性质上看，二者在功能、目标、内容、原则等方面具有相似性，因此具备融合的可行性；从客观实际上看，二者的融合既是时代环境的选择，又是自身发展的要求，因此具有十分重要的意义。

一、中国传统文化融入高校思想政治教育的可行性

中国传统文化和高校思想政治教育二者在功能、目标、内容、原则等方面存在着共同之处，这也是中国传统文化融入高校思想政治教育的前提。

（一）两者具有相近的教育目标

高校思想政治教育是帮助大学生建立符合社会要求的思想政治品德的实践过程。具体而言，高校思想政治教育目标可细化为政治、思想、道德、法治、心理等五个方面，即培养大学生的政治素养，引导其树立正确的三观，提升其道德品质，使其成为

一名知荣辱、懂礼节、明国法、有道德、身心健康的优秀大学生。

中国传统文化十分重视对爱国情怀、道德品质的培养。《大学》提出的教育目标是"大学之道,在明明德,在亲民,在止于至善",即教育的主要目标是修身养性,培养自己的道德操守,达到"善"的境界并保持始终如一。虽然这种目标是一种理论层面的说教,没有现实层面的实际意义,但其仍具备指导意义,并在中国传统文化中延续下来。

中国传统文化中的"修身、齐家、治国、平天下",与高校思想政治教育中的教育目标相近,因此可将其融入高校思想政治教育中,作为培养大学生的依据。

(二)二者具有互补的教育目标

中国传统文化与高校思想政治教育在内容上既有交叉,又有互补。

中国传统文化和高校思想政治教育内容的交叉表现在:高校思想政治教育中关于爱国、道德等方面的教育内容都可以在中国传统文化中找到有力支撑,甚至有些规定都是从中国传统文化中总结归纳出来的,如公民道德教育中的"爱国守法、勤俭自强"等是从中华传统美德中提炼出来的重要内容。

中国传统文化和高校思想政治教育内容的互补表现为:一方面,中国传统文化若想保持自身的延续性,就必须进行内部革新,吸收当代先进的思想理念,从而符合时代发展的需要。高校思想政治教育是在以马克思主义等先进理念为指导思想下开展的教育实践活动,将其指导思想作用于传统文化,可促进中国传统文化更新,从而保证中国传统文化的持续发展。另一方面,在中国传统文化中,有孔子、孟子等先贤大家追求至善至美的道德情怀,有"天下兴亡、匹夫有责"等耳熟能详的诗句所彰显的高尚品质,这些内容和精神既是对高校思想政治教育内容的有力补充,同时又增加了教育的影响力和感召力。

(三)二者具有相通的教育原则

中国传统文化在长期的道德教育实践中,总结了很多颇有实效的教育原则,并形成了较为完善的指导体系,其中最具代表性的就是"言传身教"和"循序渐进"原则。

"言传身教"针对教育的广度而言可以分为两方面:有言的因材施教和无言的身

正为范。因材施教始于孔子，孔子提倡"有教无类"，无论是贩夫走卒还是达官显贵都有接受教育的权利。在进行教育的时候要"因材施教"，即根据不同大学生的特点教授不同的教学内容；无言的身正为范是指统治者、教师要以身作则，用自己高尚的道德品质去感染他人，使他人走上向善的道路。

循序渐进主要是指教育实践是一个日积月累、持之以恒的过程，在施教和受教的过程中，不能懈怠，不能急躁。因此，道德教育要遵循客观规律，有积累的过程。

以上两大教育原则，至今仍适用于高校思想政治教育的教育实践。在对大学生进行培养和教育的过程中，高校既要关注大学生的共性问题和个性问题之间的关系，对不同类型的群体开展有针对性的教育；又要意识到，开展教育工作不是一蹴而就的，要循序渐进地开展，能力的提升、观念的确立要有个日积月累的过程，因此既不能懈怠轻视，也不能急躁冒进。

二、中国传统文化融入高校思想政治教育的必要性

中国传统文化与高校思想政治教育的融合，是历史和时代的必然选择，是各自发展完善的内在需要，更是培养中国特色社会主义合格建设者和接班人的现实需求。

（一）改进高校思想政治教育的需要

从现实的大环境看，随着经济的快速发展、文化的日益繁荣及全球化时代的来临，当今中国高校思想政治教育正面临着严峻的挑战。经济的繁荣发展，给高校思想政治教育带来了更多可拓展的空间，同时也带来了问题。因此，把握主流文化的话语权、规范网络不文明现象成为现阶段亟待解决的问题。事实证明，高校思想政治教育只靠政治的引领是不够的，更需要对大学生进行道德品质、心理健康、"三观"等方面的培养。中国传统文化中的德育理念和世代相传的民族精神，为高校思想政治教育提供了丰富的资源。

因此，从中国传统文化中汲取养分，融入并服务于高校思想政治教育，对加强和改进高校思想政治教育工作具有十分重要的意义。

（二）发展中国传统文化的需要

中国传统文化特有的民族精神是我国宝贵的历史文化遗产和精神财富，但在发展的过程中也有局限性和片面性。因此，中国传统文化要想长盛不衰，成为与时代发展相符合的优秀文化，就必须进行自身的扬弃与革新，与当代先进的理念相结合，去除落后的、片面的部分，保留有价值的部分。

高校思想政治教育是社会意识形态在高校中的体现，因此我国高校思想政治教育势必在坚持马克思主义等先进理论指导下开展。中国传统文化融入高校思想政治教育的过程，就是与马克思主义相结合的过程，是用科学的、进步的理念进行选择与积累的过程。而这种过程，一方面，有利于收获新的时代内涵，与时代的发展相吻合；另一方面，有利于运用大学这个教育和培养青年的主阵地，加强自身的发展。

因此，二者的融合应是在马克思主义理论指导下的交叉融合，这既是高校思想政治教育不断完善的要求，也是中国传统文化自身建设的需要。

（三）培养中国特色社会主义合格建设者的需要

大学生是未来社会建设的中坚力量，他们思想道德素质的高低，影响着国家的前途和命运。因此，高校思想政治教育的首要目标是进行德行教育。

从中国的实际情况来看，大学生队伍整体的道德素质较好，但受到多元价值观的冲击，以及市场经济背景下一些不良思想的影响，用中国传统文化中的有益内容去净化大学生心灵、培养大学生道德品质是十分必要的。

大学时期是青少年人格养成的关键时期，因此高校思想政治教育工作者必须从实际情况出发，将中国传统文化与思想政治教育相融合，传承和弘扬优秀民族精神，充分发挥高校思想政治教育的育人功能，为中国特色社会主义事业培养优秀的大学生。

第二节 中国传统文化在高校思想政治教育中的价值

一、中国传统文化有利于加强高校思想政治教育的育人作用

我国高度重视文化因素对高校思想政治教育的重大作用，曾多次指出中国传统文化是改变大学生思想道德现状需要借助的外在力量。弘扬中国传统文化、继承传统美德是当代高校思想政治教育的基本内容。高校要结合现代教育手段，通过社会实践活动发扬中国传统文化。

中国传统文化有着深厚的历史底蕴，学习中国传统文化有助于大学生提高道德素质，塑造健全的人格，树立正确的人生观，正确地处理人际关系，拓展学术视野。

（一）有助于大学生提高道德素质

中国传统文化能够对大学生产生积极、全面的影响。实施高校思想政治教育的主要目的是培养文化素质和道德素质全面发展的综合型人才。大学生的人文素养、思想观念、专业技能及知识结构等都受到思想政治教育的影响，将中国传统文化中的哲学思想运用到文化知识的学习中，既能优化知识结构，又能提升综合素养。由于当前大学生的意识形态因时代的变化而发生了变化，高校思想政治工作难度也随之增加。大学时期是价值观、人生观形成的重要时期，高校应结合优秀的中国传统文化对大学生进行正确的引导，促进大学生形成正确的思想观念。

高等教育就是科学精神和人文精神的结合。现今社会，大学生不能完全追随社会潮流，而要遵守学术道德和社会道德。高校思想政治教育不仅要以其独特的精神品质引领社会的道德方向，还要成为社会道德的捍卫者。

中国传统文化中哲学的内涵，包括民族气节、诚信、博爱、勤俭、慎独、拼搏精神等，是古人留下来的一笔精神财富。《论语》《易经》《孟子》《周易》《古文观

止》等体现了丰富的人文精神。高校思想政治教育需要大力挖掘中国传统文化中蕴含的思想精髓，并运用它培养出综合型的高素质人才。

（二）有助于大学生塑造健全的人格

塑造大学生健全的人格就是要培养大学生正确处理人与人、人与社会、人与自然的关系。健全的人格需要情感、意志、智慧三者有机统一，重视情感与意志的培养。"士不可以不弘毅，任重而道远""己欲立而立人，己欲达而达人""己所不欲，勿施于人"，反映的是处理人与人之间关系的准则。中国儒家文化追求理想人格、注重个人修养，对大学生完善人格具有重要的指导意义。"顺之以天理，行之以五德，应之以自然""天地与我并生，而万物与我为一"的思想是人与自然和谐相处的哲学依据；"先天下之忧而忧，后天下之乐而乐"传达的是人与社会的关系。因此，中国传统文化有助于当代大学生培养健全的人格，有助于其正确处理人与人、人与自然、人与社会的关系问题。

（三）有助于大学生树立正确的人生观

中国传统文化为大学生树立正确的人生观、价值观提供了指导方向。

在市场经济蓬勃发展的背景下，为了引导大学生形成正确的人生观、寻找正确的人生价值和意义，需要引入中国传统文化。

中国传统文化博大精深，蕴涵着大道理、大智慧，重视培养德才兼备、具有"君子"品格的人。例如，儒家文化倡导的积极向上的人生观，对为人之道提出了"忠恕"的标准，即"己所不欲，勿施于人"。高校作为教育主体，要加强中国传统文化教育，弘扬传统文化，要以国际视角为国家的发展、中华民族伟大复兴贡献力量。

（四）有助于大学生正确地处理人际关系

中国传统文化包含着中华民族的传统美德，儒家重视"内省""忠恕""己所不欲，勿施于人"等思想。这些都是为人处世的方法，能够指导大学生在交往过程中，注重人际关系的培养，以宽容的态度来处理人际关系。

大学生要谦虚谨慎、善于换位思考，要做到"君子和而不同，小人同而不和"。

发扬中华民族的传统美德，有助于大学生克服自身的弱点，从而实现自我与他人和谐共处的目标，促进心理健康发展。

（五）有利于拓展大学生的学术视野

高校应为各类文化知识和思想理论敞开大门。大学生对精神食粮的需求极高，具有很强的求知欲，他们希望快速成长，渴望学到新的知识，以充实自己的头脑。高校需要准确地抓住时机，对大学生实施系统化的思想意识教育，避免易引发高校甚至整个社会不稳定的思潮乘虚而入。

对中国传统文化进行系统的研究和学习，能够拓展大学生的思路，使当代大学生不再局限于当下的思想，不断进取，求实创新。中国传统文化有益于开阔大学生的眼界，提升他们的精神境界。

二、中国传统文化与高校思想政治教育的融合有利于加快中华民族伟大复兴

中国传统文化覆盖面广，集文学、思想、道德、历史、艺术于一体，影响范围大。中国传统文化拥有强大的生命力，能够丰富高校思想政治教育，使高校思想政治教育达到质的飞跃。弘扬和传播中国传统文化要紧密联系实际，每一个人都是传播文化的载体，中国传统文化联系生活才能继续发展，把中国传统文化的研究与理想道德的培养、对文化提升的引领、社会力量的整合、社会共识的凝聚紧密结合，形成大学生对中国传统文化的正确认识，促进中国特色社会主义核心价值观的践行。

在新形势下，传承传统文化要去其糟粕，取其精华，以高校为意识形态工作的重要阵地。全面开展教育工作，奠定群众基础，让中国传统文化成为中华民族凝聚力的来源，鼓励中华儿女共同推进中国特色社会主义事业，这是具有历史意义的，是适应新形势、符合时代创新发展的需求。将中国传统文化与新的思想政治教育相结合，目的就是在中国共产党的领导下，加快中华民族伟大复兴。

中国传统文化教育肩负着中华民族伟大复兴的使命，为中华文化繁荣发展提供便

利的条件。中国梦与中国传统文化的目标有着一脉相承的关系，都是追求仁爱、正义、大同等理想。

高校思想政治教育对中国特色社会主义建设乃至整个民族的发展都起着至关重要的作用。在实现中华民族伟大复兴的道路上，大学生的教育尤为重要，学习和实践是当代大学生增长知识和锻炼能力的有效途径。实践是检验真理的唯一标准，是为改造自己和改造世界积蓄力量的重要途径。

中国传统文化与高校思想政治教育工作的融合是一个过程，是一个复杂的社会工程，这个工程需要多方参与、全民配合才能营造良好的氛围，这种良好的氛围需要建立科学的管理制度。大学生是实现中华民族伟大复兴的生力军。

高校要将中国传统文化的精髓挖掘出来，与大学生需要的思想政治理论教育结合起来。课堂教学也是当代大学生塑造人格主要的渠道之一，将中国传统文化精髓与高校思想政治教育进行结合，在结合的过程中应用不同的教学方法，使其更加有效地培养大学生学习中国传统文化的自觉性和主动性。

三、中国传统文化在高校思想政治教育中的时代价值

中国传统文化作为中华民族数千年思想和智慧的结晶，已深深地融入人们的思想意识和行为规范中，渗透到生活的方方面面，成为中华民族强有力的精神支柱。高校要结合思想政治教育出现的新形势、新特点去继承中国传统文化的优秀内核，明确中国传统文化融入高校思想政治教育的时代价值。

（一）诚实守信有利于丰富高校思想政治教育的内容

诚实守信、崇尚正义是中国传统文化基本的道德准则之一，是中华民族的优良传统。老子曾说"信不足焉，有不信焉"，历史典籍中也有诸如"言不信者，行不果""民无信不立"等相关论述。从中国传统文化角度来看，诚信、重义轻利是"君子"与"小人"的重要区别，更是人应该遵循的道德准则。如果一个人没有了诚信和正义感，就无法在社会立足；同理，社会如果缺少了诚信与正义感，就不会兴旺发达；国家如果不能够取信于民，不能够守住公平正义的底线，就无法走向富强。

在高校思想政治教育工作中要不断加强德育建设，强化诚信品质的宣传教育是摆在高校思想政治教育工作者面前的现实任务。在此背景下，中国传统文化中关于"仁爱""诚信""舍生取义"等方面的价值理念，极大地丰富了高校思想政治教育的德育内容，为高校思想政治教育的德育建设提供了丰富的道德资源，同时也有助于缓解市场经济对大学生思想的冲击，促进大学生形成健全、完善的独立人格。

（二）自强不息的进取精神有利于塑造大学生的人格品质

古人认为，人遇到挫折困难，应该奋发图强，百折不挠。"自强不息"是中华民族自古就有的高尚品质，它始终作为一种精神力量激励着人们奋发图强。

将中国传统文化中自强不息的精神引入高校思想政治教育中，教育大学生如何正确面对挫折，如何在困境中依然保持坚韧不拔、不屈不挠的顽强意志，是开展高校思想政治教育工作的重要环节。

（三）和谐的自然观有利于培养大学生的生态观

古人崇尚的和谐的自然观念，是作为中国文化主干的儒道的主要观念之一。儒家认为人的一切活动都应该和天道（自然规律）相符合；道家则认为天是自然，人作为自然发展的产物，要顺应并效法自然，即"人法地，地法天，天法道，道法自然"。虽然儒、道两家对"天"的理解不同，但在讨论人和自然和谐共处的观点上是一致的。

大学生群体是中国特色社会主义的建设者，更应该对其加强道德的教育，让大学生从中国传统文化中学会敬畏自然，学会如何与自然和谐相处。

（四）追求大同的社会理想有利于实现中国梦

"大同社会"是儒家所倡导的最高社会理想。儒家认为，大同社会以天下为公，人人都能"老吾老以及人之老，幼吾幼以及人之幼"，能够"使老有所终，壮有所用，幼有所长，鳏寡孤独废疾者，皆有所养"，社会和谐一体，而且社会成员有着高度的道德责任感，能够"货恶其弃于地也，不必藏于己"。

大同社会描绘了一幅令人憧憬的美好蓝图，作为一种最高的社会政治理想，自古以来激励着仁人志士不断追求，奋斗不息。大同社会的理想，是中国梦的文化根基，实现中国梦就是要实现国家富强、民族振兴、人民幸福，这既体现了今天中国人的共同理想，又反映了中国人自古以来坚持不懈的光荣传统。因此，弘扬中国传统文化对增强大学生对中国梦历史意义的认同具有十分重要的作用。

同时，高校在开展思想政治教育时必须明确，让大学生切实认识到大同社会的可行性，以及为构建大同社会、实现中国梦所应作出的积极行动，进而把这种外在的社会理想内化为大学生自身的行为规范和道德指引。

第三节 中国传统文化融入高校思想政治教育的路径

一、加强中国传统文化融入高校思想政治教育的力度

（一）加大对中国传统文化的宣传力度

1.加大学术性宣传力度

举办权威的学术活动，如出版著作、发表学术论文、学术研讨、专题讲座等，加大对中国传统文化的宣传力度，让中国传统文化内容能够渗入大学生学习和生活的方方面面。

2.加强行政性宣传方式

通过行政组织的渠道和手段传播中国传统文化的内涵与理念。这种行政宣传是以国家层面的认同和提倡为基础进行推进的，推行到每一个高校，落实到每一位教师、每一个大学生的工作、学习中，使中国传统文化真正从理论走向实践，真正发挥其重要作用。

3.丰富大众媒介宣传方式

如今，世界处在新一轮信息技术革命之中，在信息高速传播的时代，互联网成为传播信息的主要渠道。在两者有效融合的过程中，教师可以利用微博、视频社交网站、短视频等平台引导大学生积极参与中国传统文化的学习，解答大学生提出的有关传统文化的困惑，教师还可以与网络上千千万万的用户交流思想。教育单位也应以网络为平台，开展知识竞赛等丰富多样的活动，以激发大学生学习中国传统文化的热情，使其产生共鸣。

（二）加深大学生对人文素养的认知理解

1.发挥教师的育人作用

高校应加强教师的师德建设，从根本出发，端正教师的教学态度，不断地提高教师的知识素养和教学能力。在培养大学生人文素质和文化修养方面，教师在教学过程中要不断加强人文学科在教学中的比重。教师作为思想政治教育的引导者，要让中国传统文化贯穿思想政治教育的全过程。同时，教师要加强弘扬中国特色社会主义先进文化的力度，开展如纪念历史大事件、爱国主义的宣传活动等红色文化活动，使民族精神与时代精神不断得到继承与弘扬。

2.发挥榜样的示范作用

高校在进行思想政治教育的过程中，可以挖掘大学生中的优秀典范。榜样的力量不可小觑，其一言一行和做事方式都是当代大学生的标杆。优秀的大学生所表现出的自强不息、艰苦朴素、团结友爱等优秀品质，是对我国优秀传统价值观的传承，同时能影响到其身边的每一位大学生，加强其对传统美德的认识。教师作为中坚力量，要指引大学生以榜样引领的方式发挥先进带动后进的作用。特别值得注意的是，在榜样的筛选过程中，高校思想政治教育工作者不能只关注标杆的某一方面，应全面了解，评选出最佳代表。

3.培养大学生的自主学习能力

自主学习能力在提高大学生人文素养认识方面起着关键作用。大学生对学习要有清楚的认识，激发自己的学习兴趣，增强学习的动力。兴趣是学习的启蒙老师，学习兴趣的产生就是大学生深入学习的敲门砖。教育心理学的相关研究结果表明，学习动机直接影响学习效果，因此明确学习动机可以激发大学生的学习兴趣，唤起大学生的求知欲。学习目标是大学生自主学习的方向标。教师在培养大学生的自主学习能力时，不仅要注重对大学生兴趣的培养，还要为大学生量身制定学习目标和方法。精准的学习目标是学习方向的指明灯，科学的学习方法是学习效率的加速器。大学生要定期总结，认真反思，客观评价自我，在整个学习过程中找到适合自身的学习模式。自省、慎独在高校思想政治教育中至关重要，也是当代大学生必须拥有的优秀品质。

（三）加强大学生对中国传统文化价值的心理认同

高校教师必须从中国传统文化的价值认同方面入手，使大学生从被动学习到自觉弘扬中国传统文化。心理认同是从自身的内生动力出发，由浅入深，由表及里，使中国传统文化内涵扎根在大学生心底。在认知的基础上将所学知识与传统文化有机结合，使自身的传统文化不断沉淀，使中国传统文化的魅力长久保持。

要使大学生在心理上真正认同中国传统文化，教师需要协同多方力量，共同努力。传统文化的价值认同包括高校教师的认同和大学生自身的认同两个层面。高校是大学生学习知识、传承优秀文化的主要载体，是思想文化创新的重要源泉。因此，高校应该不断完善大学生传统文化教育体系，加深大学生对传统文化的认识，增进其文化认同。高校应该营造浓厚的文化氛围，使大学生在思想政治教育过程中对中国传统文化价值产生认同感。

基于此，高校思想政治教育工作者才能将中国传统文化融入思想政治教学工作中，融入对大学生思想政治教育的实践中。在整个融入的过程中，不仅高校要起到领导作用，高校教师也要在心理上加强对中国传统文化的价值认同，只有从根本上实现了对中国传统文化的价值认同，才能够潜移默化地将中国传统文化融入高校思想政治教育的实践中。在融入的过程中，大学生作为实现教育目标的对象，要充分体现其主体地位，教育内容需在其接受能力的范围内，针对大学生在思想认识、理想信念、情感交流、意志培养等环节的表现，制定切实可行的教育方案，使大学生在心理上能真正地认同中国传统文化，激发其对中国传统文化的兴趣，并将其运用到实践中。

二、拓宽中国传统文化融入高校思想政治教育的渠道

（一）完善高校思想政治教育课堂的教学体系

课堂教学为高校开展中国传统文化教学提供了可能，为大学生学习中国传统文化提供了平台，同时也为二者的融合提供了主渠道。课堂教学的过程也是教师与大学生双向互动的过程，必须完善课程设置，丰富教材内容，转变教育方式，将中国传统文化作为大学生思想政治教育进教材、进课堂、进头脑的主要内容。

1.完善高校思想政治教育的课程设置

目前，高校思想政治课由选修课和必修课组成，没有统一的规定或要求中国传统文化成为必修课程，而是各个高校自主安排，可见中国传统文化教育尚未普及。因此，将中国传统文化内容加入思想政治教育的必修课是势在必行的。例如，在"中国近现代史纲要"的课程中融入中国传统文化内容，讲到抗日战争时可以巧妙引入民族英雄专题，弘扬爱国主义与自强不息的精神，培养大学生的爱国主义品质。同时，高校可以根据自身发展的实际情况，开设具有自身文化特色的选修课程，从多层次、多角度增加中国传统文化的感染力，激发大学生的学习兴趣。

2.在教材中编写有关中国传统文化的内容

教材是高校思想政治教师开展思想政治教育工作的基础，是进行思想政治教育教学的必要载体。当代大学生对中国传统文化的学习受到教学资料质量的影响。教师将中国传统文化的内容融入教学方案中，根据在课堂上的授课交流情况，根据大学生的反馈不断地收集相关的教学素材，丰富高校思想政治教育教学内容。在教材中编写有关中国传统文化的内容，应结合大学生的实际发展情况，以及不同大学生的传统文化素养背景，由浅入深、循序渐进，符合不同阶段大学生的特点。

3.转变传统文化的教育教学方式

传统意义上的教学方式是填鸭式教学，这种教学方式在当前我国高校思想政治教学体系中占据着重要的地位，大学生在实际的教学过程中处于被动接受的状态，教学效果并不理想。因此，在增强自身传统文化修养的基础上，教师应积极与大学生进行

互动，创造一种以对话为主的课堂模式，让大学生在课堂中起主导作用。教师通过对文化专题的讨论、与大学生展开学术辩论、开展文化名著导读等多种教学形式，将中国传统文化真正融入我国高校思想政治教育的教学实践中，为高校教育营造良好氛围。

（二）丰富高校思想政治教育的实践活动

实践是检验真理的唯一标准，只有把理论运用到实践中才能突显其价值。高校要将中国传统文化融入高校思想政治教育，积极开展有助于大学生传承中国传统文化的实践活动。课外实践是高校思想政治教育的第二课堂，同时也是中国传统文化融入高校思想政治教育的有效途径。教室一定要将书本上的理论知识与社会实践活动相结合，提高教育的实效性。对此，学校要坚持寓教于乐和知行统一，广泛开展丰富多彩的体验式、参与式活动，让大学生走出课堂、进社区、到大自然中深刻领会中国传统文化经久不衰的精神魅力，让传统文化在实践的检验中得到传承。

1.高校可以组织大学生团体定期开展传统文化的活动

大学生社团是传播中国传统文化的重要渠道，鼓励大学生社团开展中国传统文化教育具有重要的实践意义。各个社团可以相互协作，开展以中国传统文化为主题的活动，但各个社团也要错开活动时间，以避免活动时间重叠。高校之间可以举办中国传统文化知识竞赛，通过比赛交流传承中国传统文化。高校要鼓励大学生积极参加志愿服务活动，使中国传统文化在实践中深入人心。

2.高校可以组织大学生参观当地的文化场所

大学生参观当地的文化场所，如博物馆、文化馆、纪念馆、故居遗址等，能够切身感受当地的文化，并加深理解，真正体会到文化的魅力。以传统节日为契机，通过春节、端午节、中秋节等传统节日来挖掘其背后所蕴含的深厚文化底蕴，并鼓励大学生积极参与与传统节日有关的实践活动，增强大学生对中国传统文化的认同感。广泛开展中华经典诵读活动，组织大学生运用多种艺术表现形式，传承中国传统文化。

3.高校要根据实践不断建立健全中国传统文化活动机制

中国传统文化活动机制使中国传统文化的活力与创造力得以充分体现，使其作用和机制与高校思想政治教育工作中的各个方面相融合，使高校传统文化教育工作更有针对性和实效性。与此同时，高校思想政治教育工作者要进一步深化大学生对中国传统文化的认识，以便在日后的工作和学习中能够将中国传统文化转化为具体的实际行动。

（三）打造高校思想政治网络教育平台

目前，对于易于接受新鲜事物的大学生来说，互联网技术的发展对当代大学生的思维方式、道德观念、政治修养、心理教育等方面产生了重大影响。"互联网＋思想政治教育"的模式为高校思想政治教育带来了新的机遇。因此，高校可以通过搭建中国传统文化教育的网络平台来丰富大学生的知识结构。

第一，在校园中开设以中国传统文化为主题的官方微博、微信公众号。这些平台每日推送不同的题材类型、符合大学生阅读品位的相关文章，要注意的是，文章的标题一定要新颖有趣，文章的内容一定要形式多样。比如，运用时下符合大学生喜好的网络传播方式，如直播、短视频、微电影等，记录一些身边的暖心故事，拍摄一些自己家乡独有的传统文化风貌，建立一个全面的、多样化的中国传统文化教育网络微体系平台。

第二，中国传统文化校园公众号还可以打造成一个综合的信息交流平台。当读者遇到感兴趣的热门话题和文章时可以就自己的感想发表评论，与大众进行互动。同时，高校要倡导大学生积极向公众号投稿，被征用发表的文章还可以得到适当的奖励，鼓励更多的大学生积极参与。正确引导大学生的舆论导向，积极传播文化正能量。

第三，开设中国传统文化网络共享课程，及时高效地更新教学内容，使中国传统文化的最新成果与网络课程教学相结合，打造一个有影响力、号召力的思想政治教育课堂，以便对大学生进行有效指导。在传统课堂之外，高校要充分利用互联网使大学生获取与中国传统文化有关的专业知识，用大学生喜闻乐见的方式激发其学习兴趣。高校还要加大对网络平台公开课的投入，让中国传统文化在校园网络中不断地传播，用大学生乐于接受的形式和途径传承中国传统文化。

三、营造中国传统文化融入高校思想政治教育的环境

在事情发展的过程中，个体对周围环境具有依赖性，个体本身并不是单一的，而是存在于整体中，与家庭、学校、社会和自然等因素相互作用。高校思想政治教育活动与客观整体环境息息相关，在一定程度上，良好的文化环境能够对文化的融入起到积极的作用，再充分调动社会、家庭与学校等外部因素，形成发展合力。

（一）构建社会中的传统文化育人格局

社会文化环境通过融合人们身边不同的教育因素，不断地改变着人们的思想面貌及价值取向，影响着高校思想政治教育的内容和方式。另外，高校思想政治教育也离不开社会的支撑，只有认识到中国传统文化的重要性，二者才能更好地融合。拥有高度的文化自觉和文化自信，才能带动整个社会营造出一种以中国传统文化为根、多向发展的育人氛围。

第一，在弘扬中国传统文化的过程中，国家和政府发挥着重要的引领及推进作用，重视对中国传统文化资源的挖掘和运用，善于运用大众媒体加强对中国传统文化的宣传力度。充分利用各级各类媒体及宣传橱窗、宣传栏等阵地，带动中国传统文化的传播，要求社会人员及领导层都要有参与意识，打造出全民学习、落实中国传统文化的社会基础。高校可以将现代网络手段及其他文化消费方式融入进来，使具有丰富内涵的传统文化焕然一新，以新颖独特的形象进入大学生的视野，将融合了现代经营手法的中国传统文化做成文字刊物和影视作品展现在大学生眼前，这样能更好地引导大学生自主地学习中国传统文化。

第二，在组织活动的过程中要遵循相应的制度建设，拟定并推行保护传统文化的条例，构建中国传统文化的保护传承体系，确保优秀文化的弘扬能够在全社会的支持下稳步地进行。另外，也要注重宣传保护非物质文化遗产，补充和完善相关法律法规，使全社会形成保护中国传统文化、弘扬中国传统文化的良好氛围。

第三，社会要将中国传统文化融入国民教育，使广大民众都能投身于弘扬和践行中国传统文化的过程中，自觉承担起中国传统文化的传承责任。构建中国传统文化普

及教育体系，可以在新闻报纸上开展专项栏目，设置专门的刊物来宣传、讲解优秀传统文化，开展传统文化交流活动，大力展现中国传统文化的魅力，营造舆论氛围；组织有关中国传统文化的公演，将艺术和传统文化相融合，在电视节目及书本中融入一些传统文化内容，从侧面提升人们对传统文化的兴趣，并慢慢融入日常生活；积极引导社会组织、团体共享相关资源，这样可以便于民众接近历史，帮助其更加深入地了解传统文化。

（二）优化高校中传统文化的育人环境

1.完善高校传统文化教育制度

高校教学工作能够正常顺利地推行，合理的制度框架是必不可少的。各高校不仅要树立开展中国传统文化教育的意识，还要制定详细的工作方案和传统文化教育制度，从校团委到学生会及社团组织层层推进。高校要加强师资力量，设立相关培训、人才储备、进修管理及经费管理的有关规定。对中国传统文化的教育要设立相关考核制度来反映大学生对优良传统文化的学习情况及参与度，对其中优秀的个人或集体，给予适当的表彰和奖励，这样就能鼓励包括高校教师在内的各个群体都参与传统文化的学习，从而形成良好的传统文化学习氛围和环境。

2.加强教师的职业要求

高校思想政治教学工作者必备的两个素质：其一，要拥有丰富的文化知识底蕴，能够对中国传统文化知识进行深入浅出的讲解，避免泛泛而谈或牵强附会情况的出现；其二，要有一定的思想政治教育功底，能准确及时地把握当前党的方针政策与路线，坚持马克思主义理论指导。高校教师队伍只有具备这两个方面的素质才能取得高质量的教学成果。因此，高校可以邀请不同学科的权威专家，对教师进行有针对性的培训。另外，教师应该积极参与相关科研项目与学术研讨，转变传统教学模式，运用现代教学手段，灵活开展教学，增强教学效果。

3.营造中国传统文化教育的校园环境

高校要坚持从校园文化建设入手，注重环境育人，利用校园文化潜移默化地育人的特点，营造高品位的校园文化氛围。高校要积极利用走廊、教室、办公室、橱窗等场所，在这些场所张贴中国传统文化内容，创建一个全方位具有传统文化氛围的校园，使大学生在隐形教育中受到中国传统文化的熏陶。此外，"三风"（校风、教风、学风）建设是高校文化软实力的重要标志，各高校要努力创建一个校风纯正、教风严谨、学风优良的环境，打造好的校风，磨炼大学生意志，凝聚团体之魂；改进教风，教师要起带头作用，对教学要一丝不苟，对待大学生要平易近人；打造好的学风，让大学生学会自学，亲身体会优良传统文化，坚持学习。

（三）树立家庭中的传统文化育人观念

家庭是人的第一个课堂，社会就是由一个个家庭组成的，因此家庭的教育对社会的发展有着举足轻重的作用。家庭传统文化的传承理念主要包括家风、家教、父母三个方面。

1.营造良好的家风

家风是一个家庭或者家族世代相传的风尚，是建立在中华文化基础上的集体认同。家风是家庭教育的根本，是对中华民族传统美德的传承，是立身处世的行为准则。一个家庭长期形成的一种文化和道德氛围有一股强大的感染力，作为一种精神力量，是一种无言的教育。家庭中父母间的关系及家庭的和谐程度对孩子的性格塑造及人格培养都有着潜移默化的影响。在小孩牙牙学语的时候，父母的行为是小孩学习的参照，虽然可能很隐晦，但孩子的思想无形中受到家庭氛围和父母的影响，而且这种影响几乎很难改变。因此，一个家庭中父母要树立榜样，成为孩子学习和模仿的范本。不管是作为家庭成员还是社会成员，都要遵纪守法、诚信友善、爱国敬业，用良好的家风带动全社会的好风气。因此，重视家庭教育的熏陶、营造良好的家庭风气对大学生价值观念与社会意识的形成会产生重要的影响。

2.注重家教方式

转变家庭文化教育方式，更新文化教育理念，要把智育与德育结合起来。改变传统重智轻德的思想误区，而用符合现代道德规范的价值观引发子女思考。学习知识固然重要，但更重要的是品格的塑造。比如，在某个节气或者传统节日到来之前，父母就可以给孩子讲述一些相关的文化背景知识，以此来达到教育子女不忘传统文化、提升自身文化素养的目的。父母还可以为孩子购买相关书籍，培养阅读习惯，多读书、读好书，不断丰富孩子的文化修养和文化底蕴。此外，父母可以通过带领孩子游览古迹、逛博物馆等，提升孩子对历史文化的认识；可以鼓励孩子多关注传统文化节目，激发孩子对传统文化的兴趣。父母要善于将传统文化植入自己的家庭教育，以弘扬中国传统美德。

3.父母要以身作则

父母作为孩子的人生导师及第一任教师，有着至关重要的作用，子女对社会行为的学习都是来自对父母言行的模仿。子女品质特性的塑造离不开父母言谈举止的影响，父母身上好的品质、价值观等，都会在子女的身上以不同的形式展现出来。随着现代社会的发展，榜样的力量是无穷的，好家风重在言传身教，身教更重于言传。因此，在家庭教育中，父母要提高自身的中国传统文化素养。父母可通过订阅传统文化相关书籍杂志，加深对传统文化的认知，增强自身对文化的感悟，从而能更好地践行中国传统文化。另外，父母想要加强自身对中国传统文化的认知，可以先去了解如中华戏曲、传统服饰等方面的艺术文化形式，也可以通过学校组织的亲子文化交流活动来调节和子女之间的关系，和谐的亲子关系能够更好地帮助父母对子女实施中国传统文化教育。

（四）增进教育环境间的联系以形成合力

1.加强社会教育和高校教育之间的联系

大学生的思想状况有很大一部分受其所处的社会环境的影响，而这种影响通常会表现在价值观上。

各高校要结合当今社会总体的精神面貌及文化传播程度、社会资源背景等，将中国传统文化教育与社会现实相结合，如此，才能使大学生产生共鸣，从而起到教育的作用。对于高校，教育不能只在校园内开展，还要更多地接触社会。在此类校园文化活动中加强中国传统文化的教育，不仅可以促进大学生学习的积极性，将社会中的一些正能量带入校园，还可以让大学生拥有判断是非的能力。

2.加强家庭教育和高校教育之间的联系

家庭与高校需要保持联系，加强互动。此外，为了加强两方的沟通，父母和学校之间可以使用电子邮件或者电话等工具。父母只有实时了解孩子在学校的表现及心理状态，才能找到正确的教育方向。父母的反馈对高校开展教育也是非常重要的，大学生在家中的思想行为动态，能够辅助学校因材施教，对教学路线进行纠偏，加强教学的契合度，引导每一个大学生向好的方向发展。

3.加强家庭教育和社会教育之间的联系

社会是由一个个小家庭构成的，社会生活中的每个个体也是其家庭的成员之一，大社会和小家庭的关系是相辅相成、相互依存的。家庭的每一个成员都有责任和义务为维持整个家庭的和谐作出努力，家中每个成员都和睦幸福能促进社会的和谐稳定，这也为中国传统文化的发展和传承奠定基础。因此，在进行家庭教育时，父母要时刻铭记自己作为一个社会人的身份，教导孩子要秉承中华传统美德，为改善整个社会文明环境出一分力。

参 考 文 献

[1]黄丽娟. 新时代高校思政教育理论与实践创新发展研究[M]. 长春：吉林大学出版社，2023.01.

[2]陈旭，刘宁宁，杨若琳. 高校思政教育工作理论创新研究[M]. 北京：线装书局，2023.05.

[3]梁杰华. 高校心理健康教育"课程思政"建设研究[M]. 长春：吉林大学出版社，2023.01.

[4]刘珺，彭艳娟，张立军. 社会主义核心价值观与高校思政教育工作理论创新研究[M]. 北京：新华出版社，2022.07.

[5]蒋瑛. 高校课程思政的思考与探索[M]. 成都：四川大学出版社，2022.06.

[6]李盛基，曾水英. 新时代高校课程思政教育的影响因素及引导策略[M]. 哈尔滨：哈尔滨工程大学出版社，2022.09.

[7]叶琦. 高校课程思政理论与实践探索[M]. 哈尔滨：北方文艺出版社，2022.09.

[8]姚雪兰. 新时期普通高校思政理论课教学方法与实践研究[M]. 延吉：延边大学出版社，2022.09.

[9]付超，庞晓东，梁晓倩. 课程思政教育理念引领下的高校体育教学改革与实践探索研究[M]. 天津：天津社会科学院出版社，2022.05.

[10]吕云涛. 从理念到实践：当代高校课程思政路径探索[M]. 长春：吉林大学出版社，2022.05.

[11]顾雁飞. 新时期高校思政协同育人机制探究[M]. 长春：吉林大学出版社，2022.05.

[12]王斌伟. 高校思政工作"三项育人"协同机制构建研究[M]. 广州：广东人民出版社，2022.12.

[13]朱琳. 新时期思政理论课教学改革探究[M]. 长春：吉林大学出版社，2022.05.

[14]刘仁三. 新时代高校思政育人理论研究与实践探索[M]. 北京：中华工商联合

出版社，2021.09.

[15]李娟. 全媒体环境下高校思政教育改革创新研究[M]. 北京：北京工业大学出版社，2020.07.

[16]彭宗祥. 新时代高校工程德育理论与实践[M]. 上海：上海财经大学出版社，2020.11.

[17]王东，陈先. 新时期高校思想政治教育理论与实践[M]. 北京：九州出版社，2019.05.

[18]李芳. 高校思想政治理论课教学方法科学化研究[M]. 北京：中央编译出版社，2019.03.

[19]徐原，陆颖，韩晓欧. "互联网＋"时代高校思想政治教育创新研究[M]. 秦皇岛：燕山大学出版社，2019.07.